FN-Abzeichen

Deutscher Reitpass

Deutsche Reiterliche Vereinigung

Impressum

Bibliografische Information der deutschen Bibliothek
Die Deutsche Bibliothek verzeichnet diese Publikation in der
Deutschen Nationalbibliografie; detaillierte bibliografische Daten sind im Internet
über http://dnb.ddb.de abrufbar.

© 2002 **FN***verlag* der Deutschen Reiterlichen Vereinigung GmbH, Warendorf.
Alle Rechte vorbehalten. Nachdruck, auch auszugsweise, nur mit Genehmigung
des Verlages und des Herausgebers gestattet.
3. Auflage 2006

Herausgeber: Deutsche Reiterliche Vereinigung e.V., Bereich Sport,
Abteilung Breitensport, Betriebe und Vereine
Bundesverband für Pferdesport und Pferdezucht.
Fédération Equestre Nationale (FN), Warendorf.

Text:
Erstellt und erarbeitet von Isabelle von Neumann-Cosel, Edingen-Neckarhausen und der Abteilung Breitensport, Betriebe und Vereine der Deutschen Reiterlichen Vereinigung.

Beratung:
Hermann Bühler, Pferdesportverband Rheinland
Dr. med. vet. Beatrice Dülffer-Schneitzer, Steinbach im Taunus
Klaus Harms, Vorsitzender des Breitensportausschusses des Provinzialverbandes Westfalen
Thomas Litzinger, Vorsitzender des Breitensportausschusses des Hessischen Reit- und Fahrverbandes
Martin Plewa, Leiter der westfälischen Reit- und Fahrschule Münster
Manfred Weick, Landesverband der Reit- und Fahrvereine Rheinland-Pfalz
sowie
Waltraut Weingarten, Abteilung Ausbildung
Gerlinde Hoffmann, Abteilung Umwelt & Pferdehaltung
Dr. med. vet. Michael Düe, Abteilung Veterinärmedizin
alle Deutsche Reiterliche Vereinigung e.V. (FN), Warendorf

Lektorat:
Birgit Lietmann, Abteilung Breitensport, Betriebe und Vereine
Dr. Carla Mattis, **FN***verlag* Warendorf

Korrektorat:
Stephanie Vennemeyer, Ahlen

Fotonachweis:
siehe Seite 138

Zeichnungen und Illustrationen:
Julia Kaiser, Erbach: Seite 66 (entnommen aus „Westernreiten Step by Step", **FN***verlag* 2001)
Jeanne Kloepfer, Lindenfels: Seite 29 (entnommen aus „Basispass Pferdekunde", **FN***verlag* 2002), 83 (5), 98, 106 re., 107 (entnommen aus „Das Pferdebuch für junge Reiter", **FN***verlag* 1999), 106 li. (entnommen aus „Draußen ist Reiten am schönsten", **FN***verlag* 2000)
Claudia Richter, media team, Duisburg: Seite 112 (entnommen aus „Die Reitabzeichen der Deutschen Reiterlichen Vereinigung", **FN***verlag* 2001)
Barbara Wolfgram, Hannover: Seite 55 (3), 97 (entnommen aus „Richtlinien für Reiten und Fahren Band 1: Grundausbildung für Reiter und Pferd", **FN***verlag* 2000)

Gesamtgestaltung:
mf-graphics, Marianne Fietzeck, Gütersloh

Lithographie:
Scanlight GmbH, Marienfeld; mf-graphics, Gütersloh

Druck und Verarbeitung:
Media-Print Informationstechnologie, Paderborn

ISBN 3-88542-361-8

Vorwort

Das Beste, was du für das Innere eines Menschen tun kannst, ist auf einem Pferd nach draußen zu gehen.

WINSTON CHURCHILL

Ausreiten macht Freude. Unabhängig von allen sportlichen Zielen, von Alter und Können, Reitweise und Pferderasse gilt das Reiten in der freien Natur zu Recht als gemeinsame Basis der Reiterei. Beim Geländereiten treffen die natürlichen Bedürfnisse des Pferdes und die Wünsche des Reiters in idealer Weise zusammen. Im Gelände liegt die erhoffte Harmonie zwischen Pferd und Reiter greifbar nahe.

Auch im Spitzensport ist es eine besondere Freude, immer wieder erleben zu können, mit welcher Begeisterung Pferde sich den hohen Anforderungen einer Vielseitigkeitsprüfung, insbesondere im Geländeteil, stellen.

Reiten im Gelände gehört zur selbstverständlichen Grundschule für Reiter und Pferd und sollte in keiner Ausbildung im oder unter dem Sattel fehlen. Aber der Umkehrschluss gilt auch: Pferde und Reiter dürfen sich nicht ohne Ausbildung ins Gelände wagen. Die Verantwortung für ein Pferd im Gelände wiegt heute schwerer denn je: In einer zunehmend technisierten Umwelt und einer immer größeren Verkehrsdichte ist es unvermeidlich, dass Pferde beim Ausreiten mit Reizen konfrontiert werden, vor denen sie instinktiv Angst haben. Solche Situationen können nur durch Gehorsam, Vertrauen und Gewöhnung überwunden werden. Und nur ein sicherer Reiter kann einem Pferd die nötige Sicherheit vermitteln.

Seit vielen Jahren gilt die Prüfung zum Deutschen Reitpass (früher Reiter-Paß) als unverzichtbarer „Führerschein" für das Ausreiten. Zu Recht: hier wird genau das nötige Wissen und Können für verantwortungsbewusstes, sicheres Ausreiten gelehrt.

Daher wünsche ich dem vorliegenden Buch, in dem das grundlegende Know-how zum Thema Ausreiten in konzentrierter Form dargestellt ist, viele aufmerksame Leser.

Ingrid Klimke

Ingrid Klimke, im Juli 2002

Inhalt

Vorwort 3

Einleitung 8

1 Pferde und Reiter als Teil der Natur 14
Geländereiten – „Natur pur" für Pferd und Reiter 14
Umwelteinflüsse, Gefahrenquellen 15
Harmonie von Pferd und Reiter 15
Eignung als Geländepferd 15
Gruppenausritt und Pferdeverhalten 16
Reiten in der Natur 18
Tierschutz im Pferdesport 18
Generelle Rücksichtnahme 19
Die „Zwölf Gebote für das Reiten im Gelände" 20
Danach kann gefragt werden 21

2 Pferdepflege und Versorgen 22
Pferdepflege vor dem Ritt 22
Gesundheitskontrolle 22
Hufpflege 23
Hufkontrolle unterwegs 24
Hufe ausschneiden und Beschlag 25
Pferdepflege nach dem Ritt 25
Trockenführen 27
Abbürsten 27
Abschwitzdecken 28
Nachschwitzen 28
Danach kann gefragt werden 29

3 Grundkenntnisse der Pferdehaltung 30
Pferdehaltung für Geländepferde 30
Haltungsformen 31
Weidehaltung – der Natur am nächsten 31
Auslaufhaltung in der Pferdegruppe 32
Haltung in Einzelboxen 34
Bewegung und Arbeit 34
Gesundheitsfürsorge 35
PAT-Werte 35
Wurmkuren und Impfungen 36
Fütterung 36
Tränken 37
Umgang mit dem Pferd 38
Vormustern 39
Verladen 39
Danach kann gefragt werden 40

Deutscher Reitpass **4**

4 Ausrüstung für Reiter und Pferd 42
Ausrüstung für Reiter 42
Kopfbedeckung 42
Reithosen und Reitstiefel 43
Oberbekleidung 44
Gerte und Sporen 45
Sicher unterwegs 45
Ausrüstung für Pferde 46
Der Sattel 47
Die Zäumung 47
Hilfszügel 48
Schutz für Beine und Hufe 50
Insektenschutz 51
Ausrüstung auf längeren Ritten 51
Danach kann gefragt werden *52*

5 Grundausbildung für Reiter und Pferd 54
Ausbildung eines Reiters 54
Der ausbalancierte Sitz 55
Leichttraben 56
Reiterhilfen 56
Gewichtshilfen 56
Schenkelhilfen 57
Zügelhilfen 58
Koordination der Hilfen 59
Kontrolle über das Tempo 60
Kontrolle über den Rhythmus 61
Kontrolle über den Weg 62
Rückwärtsrichten, Wenden auf der Stelle 62
*Ausbildung eines Pferdes im Gelände und
im Straßenverkehr 63*
*Fit fürs Gelände – Zusammenpassen von
Pferd und Reiter 65*
Andere Reitweisen 65
Danach kann gefragt werden *71*

Inhalt

6 Gesetzliche Regelungen für den Ausritt 74
Reiter als Verkehrsteilnehmer 74
Verantwortung für ein Pferd 75
Pferde im Straßenverkehr 75
Verkehrsregeln für Reiter 76
Überqueren von Straßen 77
Reiten bei Dunkelheit 77
Reiten im geschlossenen Verband 78
Reiten in Feld und Wald 78
Einschränkungen für das Reiten 79
Kennzeichnung der Pferde 79
Danach kann gefragt werden 80

7 Sicher im Gelände 82
Planung und Einteilung eines Rittes 82
Reiten in einer größeren Gruppe 82
Die Wahl von Strecke, Gangart und Tempo 84
Galoppieren im Gelände 85
Positionswechsel in der Gruppe 87
Wegreiten von der Gruppe 88
Einzelgalopp von Punkt zu Punkt 88
Vorbeireiten und Begegnen 89
Pferde und Hunde 90
Pause und Rast 90
Anbinden unterwegs 91
Pferde halten 92
Gefahr durch Giftpflanzen 92
Danach kann gefragt werden 93

8 Besondere Geländeanforderungen unterwegs 94
Geländebesonderheiten 94
Wasserstellen 95
Reiten bergauf und bergab, klettern 97
Springen über Geländehindernisse 99
Springtechnik im Gelände 100
Danach kann gefragt werden 102

9 Probleme, Gefahren, Verhalten bei Unfällen 104
Unstimmigkeiten zwischen Pferd und Reiter 104
Scheuen 104
Pullen, Durchgehen 106

Deutscher Reitpass

Inhalt

Buckeln, Bocken, Steigen 107
Verhalten bei Unfällen 108
Erste Hilfe 109
Blutstillende Maßnahmen 110
Schock 110
Bewusstlosigkeit 111
Knochenbrüche 111
Muskelzerrungen, Prellungen 111
Durchführung der stabilen Seitenlage 112
Vom Unfall betroffene Pferde 113
Erste Hilfe für Pferde im Gelände 113
Verletzungen 114
Vergiftungen 119
Einige Giftpflanzen im Überblick 120
Danach kann gefragt werden 126

10 Pferdesport im Gelände 128

Reiten im Gelände hat viele Facetten 128
Organisierte Ausritte 129
Wanderreiten 129
Ausrüstung für das Wanderreiten 130
Wanderreiten im Wettkampf 130
Abzeichen im Wanderreiten 131
Distanzreiten 132
Distanzreiten als Wettkampf 132
Abzeichen im Distanzreiten 133
Jagdreiten 133
Abzeichen im Jagdreiten 134
Lehrkräfte für das Geländereiten 135
Turniersport: Geländeritte und
Vielseitigkeitsprüfungen 135
Deutsches Reitabzeichen –
Teilprüfung Geländereiten 136
Breitensport im Gelände 136

Fotonachweis 138

Landesverbände für Pferdesport 139

Ethische Grundsätze im Pferdesport 140

Verhaltenskodex im Pferdesport 141

**Verzeichnis des weiterführenden
FN-Lehrmaterials** 142

Einleitung

Deutscher Reitpass – Ein Buch zur Vorbereitung auf die Prüfung

Das Buch „Deutscher Reitpass" wird herausgegeben von der **Deutschen Reiterlichen Vereinigung (FN)**, dem Dachverband für alle Bereiche von Pferdezucht und -sport. (Die Abkürzung FN kommt aus dem Französischen und steht für „Fédération Équestre National".)
Es ist das **offizielle Lehrwerk** zur Vorbereitung auf die Prüfung zum **Abzeichen Deutscher Reitpass**. Der Inhalt entspricht den in der **APO 2006** (Ausbildungs- und Prüfungs-Ordnung) festgelegten Anforderungen und ist mit den **FN-Fachabteilungen** abgestimmt.

In diesem Buch wird das notwendige **Grundwissen** – über das **Reiten im Gelände** mit allen Hintergrundinformationen, gesetzlichen Regelungen und fachlichen Zusammenhängen – detailliert erklärt. Zahlreiche **Fragen** dienen der direkten Vorbereitung auf die **mündliche Prüfung**.
Ein ausführliches **Inhaltsverzeichnis** auf den vorhergehenden Seiten bietet schnelle Orientierung bei der Suche nach **Informationen** zu einem bestimmten Thema.

Safety first

- Hier finden sich unverzichtbare Hinweise für sicheres Verhalten, für den sicheren Umgang mit dem Pferd und zur Vermeidung von Unfällen. Sie sind nicht nur für die Prüfung, sondern bei jedem Umgang mit dem Pferd und bei jedem Ausritt unbedingt zu beachten.

Im Überblick ...

- Hier findest du Informationen auf einen Blick.

Danach kann gefragt werden:

- Hier finden sich **Fragen** zu allen Themenbereichen, die in der mündlichen Prüfung vorkommen können. Die Fragen sind nicht abschließend und dienen nur der **Selbstkontrolle**; die korrekten **Antworten** ergeben sich aus der Lektüre des vorhergehenden Kapitels.

Ein Abzeichen im Geländereiten der Deutschen Reiterlichen Vereinigung

Ein altbekanntes/neues Abzeichen im Geländereiten der Deutschen Reiterlichen Vereinigung (FN)

Den **Deutschen Reitpass** (Abkürzung DRP) gibt es seit 1976; er wurde seit seiner Einführung von mehr als 220.000 Reiterinnen und Reitern erworben.

Mit der Einführung der Ausbildungs- und Prüfungs-Ordnung der FN im Jahr 2000 wurde die Palette der **Reitabzeichen** deutlich erweitert - insbesondere im Bereich der Geländeabzeichen. Der „**Reiter-Paß**", wie er früher hieß, wurde außerdem in „**Deutscher Reitpass**" umbenannt.

Durch den **Deutschen Reitpass** wird dokumentiert, dass der Inhaber ein geeignetes Pferd in einer Gruppe **im Gelände** und **im Straßenverkehr sicher** reiten kann und über die dafür nötigen **theoretischen Kenntnisse** verfügt.

Die im **Deutschen Reitpass** vermittelten Inhalte dienen dabei folgenden **Zielen**:

- **Umweltschutz** – richtiges Verhalten von Reitern im Feld und Wald und angepasster Umgang mit Natur und Umwelt
- **Tierschutz** – gegenüber den Pferden und anderen Tieren in der Natur
- **Unfallsicherheit** – kennen und vermeiden möglicher Gefahrensituationen
- **Verständnis und gegenseitige Rücksichtnahme** – gegenüber den Interessen Anderer an der Natur, zum Beispiel gegenüber anderen Erholungsuchenden, Landwirten, Förstern und Jägern.

Der DRP wird **reitweisenübergreifend** angeboten – also auch Westernreiter, Islandpferdereiter oder Gangpferdereiter können den DRP in ihrer Reitweise ablegen!

Er ist die Voraussetzung für eine **Vielzahl weiterer Geländeabzeichen**. Wer diese Prüfung erfolgreich bestanden hat, kann weitere Abzeichen im Bereich Geländereiten erwerben: im Wanderreiten, Jagdreiten oder Distanzreiten (Näheres siehe Kapitel 10).

Der DRP ist zwar keine **gesetzliche Vorschrift** wie z.B. der Führerschein, aber er gibt **unverzichtbare Sicherheit** im Straßenverkehr und im Gelände. Daher sollte jeder, der sich mit seinem Pferd im Gelän-

Einleitung

de oder im Straßenverkehr bewegt, diese Prüfung ablegen. (Und im Falle eines Unfalls kann der DRP bei der Schuldfeststellung hilfreich sein – zum Schutz des Reiters.)

Die oft gehörte Bemerkung: „Ich habe schon das Reitabzeichen, da brauche ich den Pass nicht mehr", ist falsch. Die **Deutschen Reitabzeichen** haben eine andere Zielsetzung. Sie bestätigen jeweils einen bestimmten Ausbildungsgrad der „klassischen Reitweise" in Dressur und Springen (evtl. noch im Reiten über einen festgelegten Geländehindernisparcours). Außerdem ist das Reitabzeichen Voraussetzung zur Teilnahme an Turnieren über die Einsteigerklasse hinaus.

Wer kann das Abzeichen erwerben?
Eine **Altersbeschränkung** für die Teilnehmer gibt es **nicht**, allerdings müssen die Bewerber eine „körperliche und geistige Mindestreife" vorweisen, um ein Pferd im Straßenverkehr sicher reiten zu können. Daher ist auch ein **angemessenes reiterliches Können** unabdingbare Voraussetzung.
Um die nötigen theoretischen und praktischen Kenntnisse zu erwerben, wird die Teilnahme an einem **Vorbereitungslehrgang** dringend empfohlen.
Die bestandene Prüfung zum **Basispass Pferdekunde** ist Voraussetzung für den Erwerb des DRP.

Das Abzeichen „Basispass Pferdekunde" als Voraussetzung
Im **Basispass** werden Themen behandelt, die auch für das Geländereiten von zentraler Bedeutung sind: Pferdekunde, Pferdehaltung, Pferdegesundheit und Umgang mit dem Pferd. **Fragen** aus all diesen Gebieten (mit besonderer Berücksichtigung des Geländereitens) können auch in der **theoretischen Prüfung zum DRP** gestellt werden.
In den folgenden Kapiteln werden daher **Grundkenntnisse** zu allen Themen vorausgesetzt, die zum Prüfungsstoff des Abzeichens „Basispass Pferdekunde" gehören. Die Informationen zu diesen Themen beschränken sich auf **zusätzliche Aspekte** für das Reiten im Gelände.

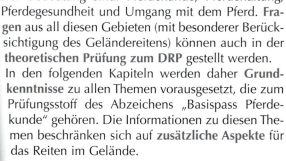

Zur entsprechenden Vorbereitung kann das **offizielle Prüfungslehrbuch** der Deutschen Reiterlichen Vereinigung (FN), das Buch **„Basispass Pferdekunde"** dienen.

Wo kann ein DRP-Lehrgang mit Prüfung durchgeführt werden?

Jeder **Reitverein** oder jeder **Pferdebetrieb**, der dem Niveau eines FN-anerkannten Betriebes entspricht, kann einen Vorbereitungslehrgang anbieten. Die Prüfung muss bei der zuständigen Landeskommission (LK) oder dem zuständigen Landesverband (LV) angemeldet werden (Adressen siehe Seite 139).

Es wird empfohlen, einen entsprechenden Vorbereitungslehrgang durchzuführen. Die Leitung des Lehrgangs sollte eine(n) Ausbilder(in) mit der Mindestqualifikation **Trainer C** übernehmen.

Welche Pferde dürfen an der Prüfung teilnehmen?

Zugelassen sind 4-jährige und ältere Pferde und Ponys, die den Anforderungen entsprechen. Ein Pferd darf höchstens von zwei Bewerbern geritten werden.

Welche Ausrüstung ist vorgeschrieben?

Zulässig zur Prüfung sind **alle Reitweisen**. Die Ausrüstung von Pferd und Reiter muss dem Standard für das Geländereiten der jeweiligen Reitweise entsprechen. Es empfiehlt sich eine Absprache mit dem Lehrgangsleiter hinsichtlich der **zulässigen Zäumung** und dem Einsatz des einzig zulässigen Hilfszügels, des gleitenden Ringmartingals.

Welche Broschüren, Merkblätter und Poster können von der FN bezogen werden?

- Merkblatt „Abzeichen im Geländereiten und -fahren"
- Merkblatt „Unfallverhütung im Reitsport"
- Poster „Richtiges Verhalten beim Ausreiten",
  „Richtige Ausrüstung des Reiters und des Pferdes" (insgesamt 10 Poster zur Freude am Pferd im Sinne der Unfallverhütung)
- Merkblatt „Die ethischen Grundsätze des Pferdefreundes"
- Merkblatt „Pferd und Umwelt"
- Flyer „Ausreiten" – Naturerlebnis mit dem Pferd
- „Broschüren von A bis Z"

Erhältlich in der FN-Abteilung
FN-Service
48229 Warendorf
Tel. 0 25 81/63 62-222
Fax 0 25 81/63 62-333
E-Mail: pschaffer@fn-dokr.de
Internet: www.pferd-aktuell.de

Einleitung

Was muss ein Kandidat für die theoretische Prüfung wissen?

Folgende Themen werden im **Vorbereitungslehrgang** gelehrt und können auch in der **theoretischen Prüfung** abgefragt werden:

- Grundkenntnisse der Reitlehre (Sitz, Hilfen, Gangarten – reitweisenübergreifend)
- Grundkenntnisse der Pferdehaltung (Pflege, Fütterung, Tränken, Anzeichen von Krankheiten, Giftpflanzen)
- Reiterliches Verhalten und Umweltschutz (Begegnung mit Fußgängern, Rücksicht auf Jagd, Land- und Forstwirtschaft)
- Reiten im Straßenverkehr (Reiten im Verband, Verkehrsregeln, Straßenverkehrsrecht)
- Unfallverhütung (z.B. sichere Ausrüstung für Pferd und Reiter, Anbinden, Verladen)
- erste Hilfe für Reiter und Pferd (Verhalten bei Unfällen und akuten Krankheiten eines Pferdes)
- Rechtsvorschriften für das Reiten in Feld und Wald
- Tierschutzgesetz
- Tierhalterhaftung und -versicherung

Was muss ein Kandidat für die Prüfung praktisch können?

Es wird ein **Ausritt in der Gruppe** einschließlich der Vorbereitung und Nachsorge für das Pferd durchgeführt:

- Vorbereiten eines Pferdes zum Ausritt (Putzen, Satteln, Zäumen)
- Vormustern des gesattelten und gezäumten Pferdes analog einer Verfassungsprüfung
- Versorgung nach dem Ritt
- Reiten in allen Gangarten
- Kolonnenreiten (nebeneinander, überholen, gegeneinander)
- Einzelgalopp von Punkt zu Punkt
- Wegreiten von der Gruppe
- Überwinden von kleinen natürlichen Hindernissen (z.B. Kletterstelle, Wasserdurchritt, bergauf, bergab)
- Verhalten im Straßenverkehr, Überquerung einer Straße
- Versorgen des Pferdes bei Rast oder Unfall
- Freiwillig: Springen im Gelände von 4 festen Hindernissen (bis zu 0,80 m hoch)

Wer prüft, wie wird bewertet?

Die **Prüfungskommission** besteht aus mindestens 2 Personen, entweder aus zwei Richtern oder einem Richter und einem Prüfer Breitensport. Der Landesverband (LV) oder die Landeskommission (LK) beruft mindestens ein Mitglied der Prüfungskommission.

Es werden keine Wertnoten vergeben, sondern das Prüfungsergebnis lautet **bestanden** oder **nicht bestanden**. Besteht ein Bewerber nur in einer Teilprüfung, kann die Prüfungskommission entscheiden, ob diese bei einer Wiederholungsprüfung angerechnet werden kann.

Erfolgreiche Prüfungsteilnehmer erhalten das **DRP-Abzeichen** und eine **Urkunde** sowie eine Eintragung in die **Reiterkarte** mit allen bei der FN abgelegten Ausbildungen.

Wer die Prüfung nicht bestanden hat, kann sie zum nächstmöglichen Termin wiederholen.

Es gibt keine vorgeschriebene Wartezeit bis zur Wiederholungsprüfung oder bis zum Ablegen eines der Abzeichen im Pferdesport. Vor der Wiederholungsprüfung wird aber eine Wartezeit von 3 Monaten empfohlen, damit evt. vorhandene Defizite, die zum Nichtbestehen geführt haben, richtig aufgearbeitet werden können.

In eigener Sache:

In diesem Buch ist – im Sinne von **Kürze** und **Lesbarkeit** – von Reitern, Ausbildern und Prüfern, von Teilnehmern, Bewerbern oder Kandidaten die Rede. Alle **Leserinnen** mögen die im Sprachgebrauch üblichen „männlichen" Kurzformen entschuldigen und sich in jedem Einzelfall ganz besonders angesprochen fühlen.

1 Pferde und Reiter als Teil der Natur

Geländereiten – „Natur pur" für Pferd und Reiter

Ausreiten ist für die Mehrzahl der Reiter die schönste Form der Beschäftigung mit dem Pferd. Viele Reitschüler lernen nur deshalb reiten, weil sie vom schönen Ritt im Gelände träumen. Auch Pferde gehen besonders gern in natürlicher Umgebung. Kein Wunder: Für das **bewegungsfreudige Lauftier** Pferd, dessen Vorfahren in der Steppe lebten, ist ausgiebige Bewegung an frischer Luft sozusagen die natürlichste Sache der Welt.

Pferdesport hat viele Facetten, aber in kaum einer anderen Variante treffen die **Instinkte des Pferdes** und die **Interessen der Reiter** so ideal zusammen wie beim Ausreiten. Daher gehören Ausritte zur selbstverständlichen **Grundausbildung** für jedes Pferd und für jeden Reiter – unabhängig von der **Reitweise** oder einem möglichen weiteren **Einsatzgebiet** des Pferdes, zum Beispiel im Turniersport, beim Jagdreiten oder Wanderreiten. Reiten im Gelände bietet für Pferde und Reiter die Chance zur physischen und psychischen Erholung. Darüber hinaus kann Ausreiten helfen, bei Pferden Stress, innere Spannung, mangelnde Leistungsbereitschaft und Angst abzubauen.

Lehrgänge zur Vorbereitung auf die Reitpass-Prüfung schulen Reiter und Pferde für **sicheres Ausreiten**. Diese Ausbildung steht jugendlichen und erwachsenen Reitern in **allen Reitweisen** offen.

Auf dem Pferderücken unterwegs in schöner Landschaft – so kann ungetrübtes Reitvergnügen aussehen.

Safety first
Ausreiten kann die Sicherheit fördern: Die Gelegenheit zu stressfreier Bewegung an frischer Luft ist ein wichtiger psychischer Ausgleich für alle Pferde.

Umwelteinflüsse, Gefahrenquellen

Andererseits birgt das Reiten in nicht abgegrenzter und geschützter Umgebung (wie Halle oder Reitplatz) auch zusätzliche **Gefahrenquellen**. Die fortschreitende Einschränkung der natürlichen Umwelt konfrontiert Pferde und Reiter auf Ausritten mit vielfältigen, möglicherweise Angst auslösenden **Reizen**. Beispiele dafür sind starker Verkehr, land- und forstwirtschaftliche Maschinen, Fabrikanlagen, Sportanlagen und Ähnliches mehr. Pferde als **Fluchttiere** weichen instinktiv allen vermeintlichen Gefahren aus. Daher müssen sie an ungewohnte Reize behutsam gewöhnt werden. Unverzichtbar ist eine **Grundausbildung** für jedes Pferd, die den Gehorsam auf die Reiterhilfen sicherstellt und eine **Gewöhnung** an die Bewältigung typischer Anforderungen im Gelände.

Safety first
Ungewohnte Außenreize im Gelände bieten einerseits Gefahrenquellen, andererseits aber auch die wichtige Möglichkeit der Gewöhnung an unbekannte Situationen.

Harmonie von Pferd und Reiter

Entscheidend für die **Sicherheit** bei jedem Ritt ist es, dass Pferd und Reiter **zusammenpassen**. Nur dann kann die **Harmonie** zwischen Pferd und Reiter, die gerade das Reiten im Gelände zum besonderen Erlebnis werden lässt, Wirklichkeit werden. Wie in der Reitbahn gehört in den Sattel eines **jungen Pferdes** im Gelände ein **erfahrener Reiter**, denn bei jedem jungen Pferd muss draußen mit unvorhergesehenen Reaktionen gerechnet werden. **Unerfahrene Reiter** brauchen unbedingt einen **erfahrenen** vierbeinigen **Partner**, um die nötige Sicherheit zu gewinnen. Schließlich muss nicht nur der **Ausbildungsstand** von Pferd und Reiter passen, sondern auch die spezielle Chemie zwischen beiden. Das subjektive „**Reitergefühl**", das sich nicht nur an messbaren Kriterien festmachen lässt, ist ein unverzichtbarer Faktor für die Sicherheit.

Eignung als Geländepferd

Grundsätzlich eignen sich Vertreter **aller Pferde- und Ponyrassen** als Geländepferd – vorausgesetzt, Grundausbildung, Gewöhnung und Tagesform „stimmen". Unterschiedliche Pferderassen bringen dabei natürlich verschiedene Eigenschaften und damit auch unterschiedliche Voraussetzungen für den Ausritt mit.

Geeignete Pferde müssen in **Charakter** und **Temperament** ausgeglichen sein. Ein sicheres Geländepferd braucht eine gute **Grundausbildung**, die das Verständnis für und den Gehorsam auf die Reiterhilfen sicherstellt. Unverzichtbar für die Sicherheit des Reiters ist eine **Gewöhnung** des Pferdes an typische Situationen im Gelände, zum Beispiel die Begegnung mit Straßenverkehr und landwirtschaftlichen Maschinen, Vorbeireiten an Viehweiden, Durchqueren von Wasserstellen, Klettern bergauf und bergab.

Gesundheitszustand, **Kondition** und **Tagesform** eines Pferdes müssen den Anforderungen im Gelände entsprechen. Zum Beispiel kann auch ein normalerweise sicheres Pferd draußen zum Risiko werden, wenn es vorher zu wenig Bewegung hatte. Ins Gelände zu reiten, um den angestauten Bewegungsdrang eines Pferdes zu lösen, kann daher gefährlich werden.

> *Safety first*
> **Typische Rassemerkmale für Temperament und Charakter sagen noch nichts über Leistungsbereitschaft, Gelassenheit und Scheufreiheit eines einzelnen Vertreters dieser Rasse aus. Jedes Pferd ist ein unverwechselbares Individuum!**

Gruppenausritt und Pferdeverhalten

Pferde fühlen sich als Herdentiere unter Artgenossen **wohl** und **sicher**. Daher entspricht das **Ausreiten in einer Gruppe** dem natürlichen Verhalten der Pferde am besten. Geselligkeit ist für Pferde und Reiter ein wichtiger Teil des Vergnügens beim Ausreiten.
Im Vergleich zum Reiten in der Bahn muss ein Reiter im Gelände allerdings damit rechnen, dass ein Pferd sehr viel mehr **Instinktreaktionen** zeigt. Die Gesellschaft anderer Pferde regt das Herdenverhalten deutlich an. Pferde orientieren sich vermehrt an ihren vierbeinigen Nachbarn. Sie suchen draußen regelrecht die Nähe ihrer Artgenossen und gehen in Gesellschaft willig und gern vorwärts. Rangeleien um die **Rangordnung** können aber auch den Ehrgeiz der Pferde stark anspornen. Sie drängeln dann nach vorne, denn der Platz an der Spitze einer Pferdegruppe signalisiert eine ranghohe Stellung.
Die **Gesellschaft** eines ruhigen, souveränen Geländepferdes wirkt als bestes Mittel zur Beruhigung in allen ungewohnten Situationen. Dagegen kann ein einzelnes aufgeregtes und widersetzliches Pferd eine ganze Gruppe „anstecken".
Auch andere Instinkte der Pferde zeigen sich im Gelände deutlicher als beim Reiten in der Halle oder auf dem Platz. So sind Pferde draußen deutlich aufmerksamer gegenüber **Umweltreizen** und reagieren schneller, um Angst auslösende Situationen zu vermeiden. Heftige Instinktreaktionen der Pferde können für Reiter unangenehm werden.

Vom Pferderücken aus lässt sich die Landschaft intensiv erleben.

Ein Reiter, der die **natürlichen Verhaltensweisen** seines Pferdes kennt, wird davon weniger leicht überrascht. Allerdings ist die **Sinneswahrnehmung** der Pferde deutlich schärfer als die eines Menschen. Deswegen kann auch ein erfahrenes Geländepferd jederzeit vor einem ungewohnten Sinneseindruck erschrecken, den sein Reiter gar nicht wahrgenommen hat. Beständige **Aufmerksamkeit** ist daher ein wichtiger Faktor für die Sicherheit im Gelände.

Eine gute **Grundausbildung** von Reiter und Pferd legt den Grundstein für die harmonische Verständigung. Über kritische Situationen hinweg helfen gegenseitiges **Vertrauen** zwischen Pferd und Reiter und **Gehorsam** des Pferdes auf die Reiterhilfen.

Pferdeverhalten – die kritischen Punkte im Überblick

Konkurrenzverhalten:	Drängeln an die Spitze, Stürmen und Pullen (starker Vorwärtsdrang und Verweigern der Reaktion auf Zügelhilfen)
Herdentrieb:	Drängeln zu den Artgenossen, keinen Abstand aufkommen lassen, „kleben" (sich nicht von anderen Pferden wegreiten lassen)
Scheuen:	Vermeiden oder sogar Fluchtreaktion bei unbekannten Gegenständen, Geräuschen und Gerüchen
Intensive Sinneswahrnehmung:	Reaktion auf Wetter (Sturm, Kälte, Gewitter), Reaktion auf spezielle Atmosphäre (Reitjagd, Wettkampf)

1

Reiten in der Natur

Pferde sind seit jeher Bestandteil der Kulturlandschaft – früher als Arbeitstier und Transportmittel, heute als **Sportkamerad**. Ein fachgerecht und rücksichtsvoll durchgeführter Ausritt ist keine Belastung für Natur und Umwelt. Reiten ist grundsätzlich nur auf **Straßen** und **Wegen** erlaubt, nicht querfeldein. Die wesentlichen gesetzlichen Grundlagen für das Reiten im Gelände sind im Kapitel „Gesetzliche Regelungen für den Ausritt" (Seite 74) zu finden.

Aktiver Natur- und Umweltschutz gehört zu den erklärten Zielen der Ausbildung zum Deutschen Reitpass. Jeder Reitpass-Inhaber ist aufgefordert, sich über die Belange des Naturschutzes zu informieren und sie zu respektieren – bis hin zur Einschränkung von Reitmöglichkeiten in bestimmten ausgewiesenen Gebieten.

Ein aktiver Beitrag von Reitern zum Umwelt- und Naturschutz ist es auch, die Interessen der **Land- und Forstwirtschaft** sowie der **Jagd** zu beachten.

Tierschutz im Pferdesport

Im Deutschen Reitpass und dem zugrunde liegenden **Basispass Pferdekunde** werden die nötigen Kenntnisse über den **Umgang mit Pferden** im Sinne des **Tierschutzes** vermittelt. Dazu gehört, dass Pferde **artgerecht** gehalten, gefüttert und gepflegt und ihnen nur **Leistungen** abverlangt werden, zu denen sie durch natürliche Veranlagung, Ausbildung und Training imstande sind. Bei der Auswahl von Ausrüstung und Zubehör sowie bei allen Maßnahmen der Erziehung und Ausbildung von Pferden soll das **Wohl des Pferdes** im Vordergrund stehen. Kein Reiter darf sein Pferd **überfordern** oder ihm vermeidbare **Schmerzen** oder **Schäden** zufügen.

Bei jeder Gabe von **Medikamenten** muss mit dem Tierarzt geklärt werden, ob beziehungsweise wann das Pferd wieder einsatzbereit für Ausritt, Jagd oder Wettbewerb ist. Gerade, wenn vorhandener Schmerz durch Medikamente unterdrückt wird, können durch Belastung gesundheitliche Schäden entstehen.

Selbstverständlich **respektieren** Reiter auch Gesundheit und Wohlergehen **anderer Tiere**, mit denen sie beim Ausreiten in Kontakt kommen, etwa von Hunden, Haustieren auf der Weide und wild lebenden Tieren. Insbesondere werden alle Situationen vermieden, in denen sich andere Tiere durch Pferde und Reiter bedroht, gejagt oder herausgefordert fühlen.

Generelle Rücksichtnahme

Für jede **Begegnung** mit anderen – sei es Mensch oder Tier – ist **Rücksichtnahme** das oberste Gebot! Kein Fußgänger sollte sich durch einen Reiter gestört, gedrängt oder gar bedroht fühlen. Dabei müssen Reiter damit rechnen, dass Nicht-Reiter möglicherweise **Angst** vor Pferden haben.

Eine Annäherung an Fußgänger erfolgt daher grundsätzlich nur im **Schritt**. Bei der Begegnung oder beim Überholen muss ein genügend großer **Sicherheitsabstand** eingehalten werden. Im Zweifelsfall lieber anhalten und evt. absteigen! Höfliches und **freundliches** Verhalten eines jeden einzelnen Reiters trägt zu einem **harmonischen Miteinander** aller Interessengruppen in der freien Natur bei.

Gute Beziehungen zu allen Vertretern der Hege und der Jagd erhöhen das Vergnügen und die Sicherheit beim Ausreiten.

Safety first
Tierfreundlicher, kooperativer Umgang mit dem Pferd im Gelände ist die beste Garantie für Sicherheit – provozierte Konflikte dagegen stellen eine Gefahrenquelle dar.

Reiter sind zur **Rücksichtnahme** auf die Belange von **Landwirtschaft**, **Forstwirtschaft**, **Waldwirtschaft** und Jagd aufgefordert. Schon aus Sicherheitsgründen sollten Geländereiter **landwirtschaftlichen Maschinen** und **Holzarbeiten** im Wald (Motorsägen, Rückearbeiten) weiträumig aus dem Weg gehen; ebenso relevant für die eigene Sicherheit ist es, in der Morgen- und Abenddämmerung die Umgebung von **Hochsitzen** und **Wildbeobachtungsständen** (Waldränder, Wildwiesen) zu meiden. Eine gute Kontaktpflege zu örtlichen Forstämtern, Hegegemeinschaften und Jagdgenossenschaften kann hier sehr nützlich sein.

Insbesondere bei Einschränkungen während der Jagdsaison (z.B. durch Schüsse) kann ein klärendes Gespräch und gegenseitige Information vorab Konflikte und Unfälle vermeiden helfen.

Ebenso nützlich ist ein regelmäßiger Blick auf den jeweiligen örtlichen **Veranstaltungskalender**, vor allem am Wochenende und vor der Planung eines längeren Rittes. So kann ein ungewolltes Zusammentreffen mit sportlichen Veranstaltungen in Feld und Wald (z.B. Volkswandern und -radfahren, Mountainbiking) vermieden werden.

Die „Zwölf Gebote für das Reiten im Gelände"

1. Verschaffe deinem Pferd täglich ausreichend Bewegung unter dem Sattel und möglichst auch auf der Weide oder im Paddock!
2. Gewöhne dein Pferd behutsam an den Straßenverkehr und das Gelände!
3. Vereinbare alle Ausritte mit Freunden – in der Gruppe macht es mehr Spaß und ist sicherer!
4. Sorge für ausreichenden Versicherungsschutz für dich und das Pferd; verzichte beim Ausritt nie auf den bruch- und splittersicheren Reithelm mit Drei- bzw. Vierpunktbefestigung!
5. Kontrolliere täglich den verkehrssicheren Zustand von Zaumzeug und Sattel!
6. Informiere dich über die gesetzlichen Regelungen für das Reiten in Feld und Wald in Deiner Region!
7. Reite nur auf Wegen und Straßen, niemals querbeet und meide ausgewiesene Fuß-, Wander- und Radwege, Grabenböschungen und Biotope!
8. Verzichte auf einen Ausritt oder nimm Umwege in Kauf, wenn Wege durch anhaltende Regenfälle weich geworden sind und passe dein Tempo dem Gelände an!
9. Begegne Fußgängern, Radfahrern, Reitern, Gespannfahrern und Kraftfahrzeugen immer nur im Schritt und sei freundlich und hilfsbereit zu allen!
10. Melde unaufgefordert Schäden, die einmal entstehen können, und regele entsprechenden Schadensersatz!
11. Spreche mit Reit- und Fahrkollegen, die gegen diese Regeln verstoßen!
12. Du bist Gast in der Natur und dein Pferd bereichert die Landschaft, wenn du dich korrekt verhältst!

☞ *Danach kann gefragt werden:*

1. Benenne Gründe, warum Pferde, ebenso wie du, sich gerne im Gelände bewegen.

2. Gibt es Gefahrenquellen in der natürlichen Umwelt, bei deren Begegnung du mit dem Fluchttier Pferd vorsichtig sein solltest? Falls ja, gib Beispiele!

3. Welche Anforderungen sollte ein geeignetes Geländepferd erfüllen?

4. Nenne 4 Punkte des Pferdeverhaltens, die bei einem Ausritt kritisch sein können und beschreibe sie auch durch evtl. eigene Erlebnisse.

5. Nenne 3 Einsatzmöglichkeiten von Pferden!

6. Überlege mit Reiterfreunden, was die 3 Möglichkeiten für das Pferd bedeuten (welche Pferde „arbeiten", was wurde mit ihnen früher alles transportiert, welche Möglichkeiten bietet der Reitsport über Dressur, Springen und Ausreiten hinaus?).

7. Nenne Punkte, die im Sinne des Tierschutzes beim Umgang mit dem Pferd von großer Bedeutung sind!

8. Wie verhältst du dich, wenn du Fußgängern im Wald begegnest?

9. Schreibe die „12 Gebote für das Reiten im Gelände" ab und hänge sie gut sichtbar in den Stall – damit du, aber auch andere Reiter immer wieder an das Einhalten dieser Gebote erinnert werden!

2 Pferdepflege und Versorgen

Die Themen **Pferdepflege** und **Gesundheitskontrolle** werden in der Vorbereitung und Prüfung zum Abzeichen **Basispass Pferdekunde** ausführlich behandelt. In der **theoretischen Prüfung** zum Deutschen Reitpass werden diese Themen mit besonderer Berücksichtigung aller Aspekte des Geländereitens noch einmal aufgegriffen.

Das **selbstständige Versorgen** der Pferde vor und nach dem Ritt sowie unterwegs ist Teil der **praktischen Prüfung**.

Pferdepflege vor dem Ritt

Wie alle Pferde brauchen Geländepferde regelmäßige fachgerechte **Pflege**. Die Fellpflege **variiert** je nach Jahreszeit, Wetter und Haltungsform der Pferde. Wichtig ist immer das Ergebnis: Die Haare sollen von oberflächlichem **Schmutz**, **Staub**, **verklebten Stellen** und Verkrustungen befreit werden. Im Freien gehaltene Pferde brauchen **nicht staubfrei** geputzt werden. Im Gegenteil: die Talg-Staub-Schicht im Haar bietet eine zusätzliche **Isolation** gegen Witterungseinflüsse.

Da Pferde bei längeren Ausritten stark **schwitzen** können, besteht eine vermehrte Gefahr von **Druck- und Scheuerstellen**. Deshalb müssen bei der Pflege **Sattel- und Gurtlage** sowie alle Stellen, an denen das Kopfzeug aufliegt, besonders beachtet werden, ebenso typische **Schweißstellen** wie Hals und Brust, Flanken und die Innenseite der Hinterbeine.

Safety first
Gewöhne dir an, dein Pferd beim Putzen mit einer Hand abzutasten. Veränderungen von Haut und Bindegewebe, Schwellungen und Entzündungsherde (Wärme!) lassen sich oft nicht auf den ersten Blick erkennen, aber fühlen.

Fell und Haut sind ein wichtiger Faktor für die Gesundheit und das Wohlbefinden des Pferdes. Selbst kleine Irritationen von Fell, Haut und Bindegewebe können Anzeichen einer beginnenden **Erkrankung** sein. Typische Veränderungen der Haut und des Bindegewebes sind Wärme, Schwellungen, kahle Stellen, Schorf und Grind, Hautunebenheiten („Pickel"), Rötungen, kleine offene Wunden oder nässende Stellen.

Gesundheitskontrolle

Vor, während und nach jedem längeren Ritt sollte eine **Gesundheitskontrolle** durchgeführt werden. Selbst geringfügige Beeinträchtigun-

gen des Pferdes können bei großer Anstrengung zu schwer wiegenden Erkrankungen führen. – Beachte zum Thema **Gesundheitskontrolle unterwegs** den Abschnitt **Erste Hilfe für Pferde** (Seite 113).
Ein Pferd, das deutliche **Krankheitsanzeichen** zeigt, darf auf keinen Fall geritten werden. Auch scheinbar harmlose Druck- und Scheuerstellen im Bereich von Sattel- und Gurtlage bzw. der Trense können sich rasch zu hartnäckigen, schwierig zu behandelnden Wunden auswachsen, wenn das Pferd nicht entsprechend **geschont** wird.

Im Überblick: Alarmsignale vor und nach dem Ausritt

- Druck- und Scheuerstellen
- Offene Wunden
- Schwellungen an den Gliedmaßen
- Scheinbar unbegründetes Schwitzen
- Ausfluss aus der Nase
- Tränende Augen
- Husten
- Verweigern von Futter
- Deutlich verändertes Verhalten (Apathie, Unruhe)
- Ungewöhnliche Steifheit
- Unregelmäßigkeiten im Bewegungsablauf
- Lahmheit

Einen ersten Aufschluss über den **Gesundheitszustand** des Pferdes bietet die Kontrolle von **P**uls, **A**tmung und **T**emperatur, der so genannten **PAT-Werte** (Durchführen der PAT-Kontrolle siehe Seite 35/36). Selbst kleinste Wunden müssen **desinfiziert** werden; Wundinfektionen können die gefürchtete Phlegmone hervorrufen. Pferde mit **deutlichen Krankheitsanzeichen** sollten so schnell wie möglich einem **Tierarzt** vorgestellt werden.

Hufpflege

Die **Pferdehufe** werden beim Ausreiten, zum Beispiel auf steinigem, harten Boden wie Schotter und Asphalt mehr **beansprucht** als beim ausschließlichen Reiten in der Reitbahn mit gleichmäßigem, federndem Bodenbelag. Außerdem können sich eher **Fremdkörper** wie kleine Steine, Zweige oder Ähnliches im Huf festsetzen. Daher müssen die Pferdhufe vor und nach jedem Ausritt gründlich **kontrolliert und ausgekratzt** werden. Besonders empfindlich ist die **weiße Linie** (die beim unbeschlagenen Huf deutlich sichtbare helle Nahtstelle zwischen Seitenwand und Sohle). Hier setzen sich oft Splittsteine fest, die zum Auslöser für Hufgeschwüre werden können. Regelmäßige Säuberung und Hufpflege – auch mit **Wasser** – ist der wichtigste Faktor für die **Gesundheit** der Hufe.

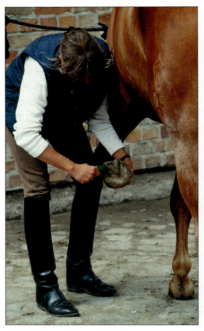

Hufe auskratzen – immer von den Trachten aus in Richtung Hufspitze.

Hufkontrolle unterwegs

Tritt ein Pferd plötzlich im Gelände nicht mehr richtig auf, dann müssen sofort die **Pferdehufe** und **-beine kontrolliert** werden. Neben möglicherweise ganz abgerissenen oder losen Eisen ist die häufige Ursache ein eingeklemmter **Fremdkörper** im Huf (Stein, Aststück). Ohne Werkzeug können die störenden Fremdkörper kaum entfernt werden; daher sollte bei jedem Ausritt ein **Hufkratzer** eingesteckt werden. Im Notfall kann man sich mit einem ausgeschnallten **Steigbügel** als Ersatzwerkzeug behelfen.

Tritt ein Pferd (häufig bei Pappschnee; gelegentlich auch auf nassem Boden) unsicher auf oder beginnt stark zu stolpern, dann kann **Stollenbildung** (stark verdichtete Eis- oder Erdklumpen im Huf) der Grund sein. Weiterreiten ist gefährlich, weil die Pferde sehr leicht rutschen oder umknicken und sich dabei verletzen können. Das Entfernen der Stollen ist nur mit einem **Hufkratzer** möglich und hält in der Regel nicht lange vor. Der Ritt muss in einem solchen Fall **abgebrochen** und das Pferd auf kürzestem Wege in den Stall zurückgebracht werden.
Stollenbildung betrifft vor allem beschlagene Hufe; Barfußgänger haben im nassen Schnee günstigere Voraussetzungen. Sollen Pferde mit Hufeisen auch bei Schnee regelmäßig geritten werden, empfiehlt sich eine entsprechende Vorsorge gegen Stollenbildung (im Handel erhältlich).

Hufe ausschneiden und Beschlag

Alle Pferdehufe müssen regelmäßig und fachgerecht **ausgeschnitten** werden. Die Abstände für das Ausschneiden oder den Wechsel des Beschlages sollten einen Zeitraum von 6–8 Wochen nicht überschreiten. Bei starker Beanspruchung, zum Beispiel beim Reiten auf steinigen Wegen oder Asphalt, können Hufe **ausfransen** oder **ausbrechen** bzw. sich stark oder einseitig **ablaufen**. Dann brauchen die Hufe Schutz durch einen **Beschlag** oder durch **Hufschuhe**. Bei beschlagenen Hufen müssen die **Hufnägel** (jeweils 6 bis 8) regelmäßig auf Vollständigkeit und festen Sitz überprüft werden. Der **Hufschmied** berät über die mögliche Verwendung von **Stollen** oder **Widiastiften** als Schutz gegen Rutschen auf glattem Untergrund (zum Beispiel Asphalt, nassem Rasen) oder in bergigem Gelände.

> *Safety first*
> Das „Klappern" von losen Eisen auf hartem Untergrund ist ein Alarmsignal: Dieses Eisen sitzt nicht mehr fest. Auf einem Ausritt geht es schnell verloren; dabei kann der Pferdehuf geschädigt werden.

Pferdepflege nach dem Ritt

Nach dem Ritt ist die Pflege mindestens so wichtig wie vor dem Ritt. Je nach **Witterung** werden Pferde trocken abgebürstet oder zum Teil abgewaschen bzw. mit dem Schlauch **abgespritzt**. Beim Umgang mit **Wasser** muss immer Rücksicht auf die Außentemperaturen genommen werden. Liegt die Temperatur deutlich über dem Gefrierpunkt, können Pferdehufe und -beine (bis in Höhe der mittleren Gelenke) mit einem Wasserschlauch abgespritzt werden. Dabei bietet es sich an, die **Sehnen** mit einem nicht zu starken Wasserstrahl zu **kühlen**. Beim Abspritzen mit kaltem Wasser sollte mit Rücksicht auf den Kreislauf des Pferdes bei den Hinterbeinen begonnen und von den Hufen aufwärts vorgegangen werden.

Pferde können im Gegensatz zu fast allen anderen Tierarten über die Haut große Mengen **Schweiß** absondern. Prädestinierte **Schwitzstellen** sind alle Flächen, an

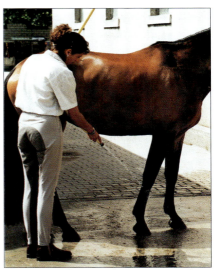

Die Sehnen werden mit einem nicht zu scharfen Wasserstrahl gekühlt.

denen Sattel und Zaumzeug aufliegen, aber auch Hals und Brust, Flanken und der Bereich zwischen den Hinterbeinen. Verschwitzte Stellen trocknen langsamer als Fell, das nur mit Wasser in Berührung gekommen ist, und verklebte Haare behindern die Fähigkeit des Pferdes zum natürlichen Temperaturausgleich. Daher sollte der **Pferdeschweiß** immer so schnell wie möglich aus dem Fell **entfernt** werden. Bei milder Witterung geschieht das am einfachsten durch **Abwaschen** mit einem Schwamm und **lauwarmem Wasser**. Am empfindlichen Pferdekopf und zwischen den Hinterbeinen sollte generell nur vorsichtig mit dem Schwamm gearbeitet werden.

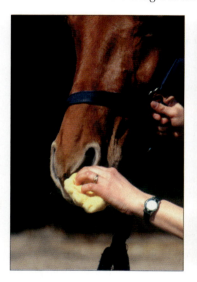
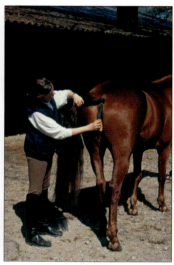

Für das Säubern des Kopfes sowie von Scheide und After sollten zwei verschiedene Schwämme benutzt werden.

Wenn ausschließlich **kaltes Wasser** zur Verfügung steht, ist besondere **Vorsicht** geboten. Ein Pferd darf nur bei solchen Außentemperaturen großflächig abgewaschen oder mit dem Wasserschlauch abgespritzt werden, die auch von Menschen als „warm" empfunden werden. Auf dem nassen Pferdefell entwickelt sich wegen der hohen Körpertemperatur der Pferde schnell Verdunstungskühle. Besondere **Vorsicht** ist geboten bei **kühlem Wind** (im Vergleich zur Umgebungstemperatur) oder **Zugluft** z.B. durch ungünstige Belüftung in einem Stallgebäude.

! *Safety first*
Kalte Güsse auf Pferderücken oder -bauch sind keine Wohltat für ein Pferd! Bei der Berührung mit Wasser bleibt der empfindliche Lendenbereich, die so genannte Nierenpartie, grundsätzlich ausgespart.

Deutscher Reitpass

Trockenführen

Damit das Pferdefell nach der Berührung mit Wasser möglichst schnell wieder trocknet, wird die überschüssige Feuchtigkeit mit Hilfe eines **Schweißmessers** aus dem Fell entfernt. Im unteren Bereich der Pferdebeine, wo das Schweißmesser nicht eingesetzt werden kann, ist es hilfreich, Daumen und Zeigefinger ringförmig um das Pferdebein zu legen und das Wasser von oben nach unten abzustreifen. Bei Pferden mit **empfindlichen Fesselbeugen** sollte dieser Bereich nach der Berührung mit Wasser **abgetrocknet** werden, um die Bildung von Mauke (nässender Ausschlag) zu verhindern.

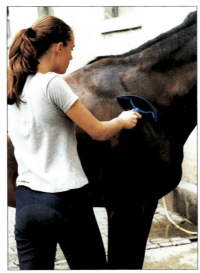

Ein nasses Pferd trocknet schneller, wenn man es mit dem Schweißmesser abzieht.

Ein Pferd mit nassem Fell sollte so schnell wie möglich **trocknen** können. Das gelingt am besten, wenn es an der frischen Luft (möglichst in der Sonne) **geführt** wird. Bei ungünstiger Witterung muss es vor Wind und Zugluft bewahrt und an einen **geschützten Standort** gebracht werden. Die Trockenzeit verkürzt sich, wenn man das Pferd gründlich mit einem Strohwisch oder großen Handtuch **abreibt** oder dem Pferd die Gelegenheit bietet, sich in trockenem Sand zu **wälzen**.

Safety first
Ein nasses Pferd versucht instinktiv, sich auf trockenem Untergrund – zum Beispiel in der Box – zu wälzen. Bei heftigem Wälzen kann das Pferd sich möglicherweise festlegen (so an einer Boxenwand verkeilen, dass es nicht ohne Hilfe aufstehen kann).

Abbürsten

Ist das Pferd abgetrocknet, dann wird es noch einmal **übergeputzt**, damit keine verklebten Stellen im Fell zurückbleiben.
Können Pferde nach dem Ritt **nicht mit Wasser** gesäubert werden, dann ist es wichtig, sie nach dem vollständigen Trocknen gründlich **abzubürsten**. Schmutzspritzer (Sand, Erde) im Bereich von Beinen

und Bauch lassen sich in trockenem Zustand mit einer Wurzelbürste leicht entfernen. Getrocknete Schwitzstellen werden ebenfalls **glatt gebürstet** und wenn nötig, vorher mit einem Striegel aufgeraut.

Abschwitzdecken

Bei kühler Witterung kann das Auflegen einer **Abschwitzdecke** hilfreich sein. Besonders günstig sind Decken aus Materialien, die Feuchtigkeit durchlassen und an die Oberseite der Decke transportieren. Nach spätestens einer halben Stunde muss die Decke

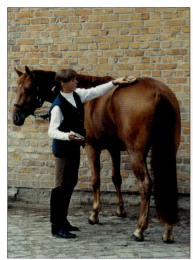

Überputzen ist auch nach dem Ritt wichtig

kontrolliert und gegebenenfalls ausgetauscht werden – nasse Decke sind schlimmer als gar keine. Soll eine Abschwitzdecke auch im Stall auf dem Pferd liegen bleiben, muss gewährleistet sein – evtl. durch einen zusätzlichen Deckengurt –, dass sie sicher sitzt, selbst wenn das Pferd sich wälzt.

Nachschwitzen

Nach ungewohnter Anstrengung – zum Beispiel nach einem mehrstündigen Ritt – können auch Pferde, die weitgehend trocken im Stall angekommen sind, über einen längeren Zeitraum **nachschwitzen**. Diese Reaktion der Muskulatur vor allem im Bereich von Hals, Nierenpartie und Hinterhand muss sorgfältig **beobachtet** werden – Schwitzen ohne erkennbare Ursache kann immer ein **Krankheitsanzeichen** sein. Pferde, die stark nachschwitzen, werden trocken gerieben und eingedeckt (Decke kontrollieren und notfalls wechseln). Um die **Luftzirkulation** unter der Decke zu verbessern und das Abtrocknen zu beschleunigen, kann man eine Lage Stroh unter die Decke packen oder eine grobmaschige Fliegendecke unterlegen. Muskulatur, die nachschwitzt, sollte keinesfalls mit kaltem Wasser bearbeitet werden!

> **! Safety first**
> Ein Pferd, das stark nachgeschwitzt hat, darf am nächsten Tag nicht angestrengt, sondern nur leicht bewegt werden (Muskelkater, Gefahr von Überforderung).

👉 *Danach kann gefragt werden:*

1. Zeichne bei diesem Pferd die Stellen ein, die einer vermehrten Gefahr von Druck- und Scheuerstellen ausgesetzt sind.

2. Benenne oder zeichne (gegebenenfalls in einer anderen Farbe) die typischen Schweißstellen des Pferdes ein.

3. Welche Krankheitsanzeichen sind wichtige Alarmsignale und sollten vor und nach dem Ausritt von dir beachtet werden? (Nenne mindestens 8)

4. Was ist zu tun, um die Hufe deines Pferdes gesund zu halten?

5. Nenne mögliche Gründe für Stollenbildung im Pferdehuf. Was kannst du dagegen tun?

6. Welcher Bereich sollte beim Abwaschen des Pferdes unbedingt ausgespart bleiben?

7. Was kannst du tun, um das schnelle Trocknen des Pferdes zu unterstützen?

8. Wann sollte eine Abschwitzdecke aufgelegt werden und wie sollte sie beschaffen sein?

9. Kreuze richtige Aussagen an:
   ❏ Pferde, die nachschwitzen, haben endlich einmal genug Bewegung gehabt!
   ❏ Nachschwitzen kann ein Krankheitsanzeichen sein und muss sorgfältig beobachtet werden.
   ❏ Ein Pferd, das nachgeschwitzt hat, sollte am Tag danach nur leicht bewegt werden.

3 Grundkenntnisse der Pferdehaltung

Pferdehaltung für Geländepferde

In der **Pferdehaltung** haben sich die gängigen Standards in den letzten Jahrzehnten entscheidend verändert. Mehr und mehr ist die Tatsache ins Bewusstsein der Pferdehalter und Reiter gerückt, dass Pferde als hoch spezialisierte Lauftiere zu ihrer Gesundheit und zu ihrem Wohlbefinden Bedingungen brauchen, die sich am ursprünglichen **natürlichen Lebensraum** der Wildpferde orientieren. Die Vorfahren aller heutigen weltweit existierenden Pferderassen waren Bewohner der weitläufigen **Steppe**. Auf der Suche nach Nahrung, also auf dem Weg zu Futter- und Wasserplätzen, legten sie täglich **große Strecken** zurück. Selbst weitläufige Weiden bieten unseren heutigen Pferden bei weitem nicht so viel Bewegungsspielraum wie das ursprüngliche Aufwachsen in freier Natur. Viele der heutzutage häufig auftretenden **Krankheiten** des Atmungs- und Bewegungsapparates lassen sich direkt auf **Mängel in der Haltung** zurückführen.

Wie jedes Pferd sollten Geländepferde **artgerecht**, das heißt möglichst naturnah gehalten werden. Bei der Haltung müssen die **natürlichen Bedürfnisse** der Pferde nach **Licht** und **Luft**, **Raum** und **Bewegung** sowie **Kontakt zu Artgenossen** berücksichtigt werden. Alle Pferde brauchen ausreichend frisches **Wasser**, dem Körperbau und der geforderten Leistung angepasstes **Futter** und regelmäßige **Gesundheitsfürsorge**.

> **! Safety first**
> Nur eine artgerechte Haltung mit genügend Anreiz und Möglichkeit zu freier Bewegung lässt Geländepferde zu ausgeglichenen, angenehmen Partnern beim Ausritt werden.

Die Haltung auf der Weide kommt dem ursprünglichen natürlichen Lebensraum der Pferde am nächsten.

Gängige Haltungssysteme für Pferde bieten große Unterschiede hinsichtlich der Kosten, des Arbeitsaufwandes, des Zeitbedarfs, der Flexibilität und des Komforts für Pferd und Pferdehalter. Bei der **Entscheidung für eine Haltungsform** sollte das Wohl des Pferdes im Vordergrund stehen.

Der Witterungsschutz muss allen Weidegefährten genug Platz bieten.

Haltungsformen

In der Pferdehaltung haben sich **unterschiedliche Haltungsformen** eingebürgert: die Weidehaltung, die Auslaufhaltung in Gruppen, die Haltung in Einzelboxen und verschiedene Mischformen. Bei der Entscheidung für die passende Form der Pferdehaltung gibt der Einsatzschwerpunkt des Pferdes den Ausschlag. Den Bedürfnissen nach Nahrung, Pflege, sozialen Kontakten und Bewegung muss immer Rechnung getragen werden. Jede Haltungsform bietet Vor- und Nachteile. Im Zweifelsfall sollten bei der Organisation der Pferdehaltung die **artgerechten Haltungsbedingungen** für das Pferd die wichtigste Entscheidungsgrundlage sein.

Weidehaltung – der Natur am nächsten

Die Haltung von Pferden und Ponys auf der **Weide** entspricht am ehesten den Ansprüchen an verhaltensgerechte Unterbringung und artgemäße Ernährung. Jeder Pferdehalter sollte daher bemüht sein, seinen Pferden Weidegang, am besten in der Gruppe, zu ermöglichen. Pferde können ganztägig auf der Weide gehalten werden, sie brauchen nur einen entsprechenden **Schutz vor Witterungsextremen** (Sonne, Niederschläge, scharfer Wind). Das kann ein natürlicher (z.B. Baum oder Buschgruppe) ebenso wie ein künstlicher **Witterungsschutz** (z.B. Unterstand oder Offenstall) sein.

> **Safety first**
> Weidehaltung erfordert ein spezielles Wissen: Kenntnisse der botanischen Zusammensetzung des Futterangebotes und der nötigen Bewirtschaftungs- und Pflegemaßnahmen.

Soll die Fütterung mit Grünfutter (Weidegras) erfolgen, ist grundsätzlich zu beachten, welchen Nährstoffbedarf entsprechend dem jeweiligen Verwendungszweck und auch der Rasse (z.B. größere Gefahr der Erkrankung an Hufrehe bei vielen Ponyrassen) der Pferdebestand benötigt. Daraus ergeben sich Konsequenzen hinsichtlich Zufütterung oder kombiniertem Weide- und Stallgang.

Für **Fohlen** ist das Aufwachsen auf der **Weide** mit Altersgefährten eine unumgängliche Voraussetzung für die **gesunde Entwicklung** ihrer physischen und psychischen Fähigkeiten. Aber auch für alle übrigen Pferde bietet **regelmäßiger Weidegang** unschätzbare **Vorteile** zur Erhaltung der Gesundheit, Minderung von Stress und inneren Spannungen oder zur Vermeidung von Stall-Unarten (übermäßiges Scharren, Knabbern, Zähnewetzen, Boxenlaufen, Koppen, Weben).

Im Prinzip ist Weidehaltung **ganzjährig** möglich – allerdings begrenzen die Bedingungen im Einzelfall (schwerer Boden, der bei Nässe schnell durchgetreten wird; nicht ausreichende Fläche) die tatsächliche Nutzbarkeit der Weiden häufig auf die **Sommermonate**.

Auslaufhaltung in der Pferdegruppe

In der so genannten **Gruppen-Auslaufhaltung** lassen sich witterungsbedingte Haltungsprobleme (vor allem in den Wintermonaten) besser lösen. Außerdem bietet diese Haltungsform verbesserte Möglichkeiten der individuellen Fütterung. Hier wird ein Stall mit frei zugänglichen Bewegungsflächen (Paddock mit befestigtem Boden und je nach Witterung auch Weide) kombiniert. Der Stall bietet den Pferden einen gemeinschaftlichen **Ruhe- und Liegeraum**, aber getrennte **Fressstände** für Kraftfutter (in kleineren Beständen reichen getrennt angeordnete Futterplätze). Zusätzlich müssen eine **Heufütterung** (zum Beispiel eine Rund- oder Heuraufe) und eine frostsichere **Wasserquelle** vorhanden sein. Ideal ist es, wenn durch die möglichst weit voneinander

Die Gruppen-Auslaufhaltung bietet das ganze Jahr über Möglichkeiten und Anreize zu freier Bewegung unter Artgenossen.

entfernte Anlage der Plätze für Heufütterung und Wasser den Pferden dabei nicht nur Möglichkeiten, sondern auch **Anreize für Bewegung** geboten werden.

Naturnahe, so genannte **robuste** Haltung kommt den natürlichen Bedürfnissen der Pferde optimal entgegen. Allerdings erfordern die dabei auftretenden vielfältigen **praktischen Probleme** einen erfahrenen Pferdehalter. Insbesondere durch **Rangordnungsstreitigkeiten** und **Futterneid** können Unverträglichkeiten in einer Pferdegruppe entstehen. Pferde-Freundschaften lassen sich auch durch gemeinsame Haltung nicht erzwingen. Stehen Pferde in ständiger Konkurrenz oder

Jedes Pferd kann ungestört ans Futter – so sieht eine vorbildliche Heuraufe aus.

Abwehr zueinander, ist die **Verletzungsgefahr** hoch. (Benachteiligt werden hier insbesondere die rangniedrigen Tiere.)

Auch gegenteilige Probleme können auftreten: Pferde, die in ständiger Nähe zueinander gehalten werden, lassen sich nur noch gegen Widerstand trennen und verweigern die Arbeit, wenn der gewohnte Gefährte nicht in Sichtweite ist. Ebenso kann der zurückgebliebene Pferdekumpel sich in eine panikartige Aufregung steigern und sich selbst gefährden.

> *Safety first*
> **Stets muss bedacht werden, dass nie ein einzelnes Pferd auf einer Koppel oder im Stall zurückbleiben sollte.**

Haltung in Einzelboxen

Die individuelle Behandlung und Fütterung eines Pferdes lässt sich am einfachsten bei der Haltung in **Einzelboxen** realisieren. Pferde, die überwiegend im Stall und in Einzelboxen gehalten werden, müssen täglich ausreichend bewegt werden. Für Muskeln, Sehnen und Gelenke der Pferde ist Unterforderung ebenso schädlich wie Überforderung oder unsachgemäße, einseitige Belastung. Werden Pferde zum Beispiel nur eine Stunde täglich geritten, brauchen sie unbedingt ein **zusätzliches Bewegungsangebot** in Form von Weidegang oder Paddock-Auslauf.

Die Temperatur im Offenstall ist der Außentemperatur angenähert.

Bewegung und Arbeit

Ausritte von **ein- bis zweistündiger Dauer** kann jedes gesunde Reitpferd problemlos absolvieren. Allgemeingültige Aussagen darüber, wie viel und wie lange ein Geländepferd unter dem Sattel gehen soll, kann es wegen der Individualität von Pferden und Reitern und der **unterschiedlichsten Anforderungen** im Gelände allerdings nicht geben. (Es gilt die Grundregel: Je länger, desto besser für das Pferd, natürlich in Abhängigkeit von Kondition und angepasstem Verhältnis der Grundgangarten zueinander.) Pferde sind, wie Hochleistungen im

Distanz- oder Vielseitigkeitssport beweisen, **zu großen** Ausdauerleistungen im Gelände fähig – aber nur nach systematischem **Training**.
Jedes Pferd braucht die seinem Verwendungszweck nötige **Ausbildung**, die entsprechende Kondition und aktuelle körperliche **Verfassung** (einschließlich der angepassten **Fütterung**). Um den jeweiligen Anforderungen entsprechen zu können, brauchen Geländepferde – wie jedes Reitpferd – regelmäßige, **abwechslungsreiche Arbeit** und **tägliche Bewegung**.

Die Kombination von Bewegungsmangel mit plötzlichen, abrupten Belastungen sowie zu hoch dosierte Kraftfuttergaben **gefährden die Gesundheit** eines Pferdes in hohem Maß. Es besteht das Risiko von akuter Überlastung von Gelenken, Sehnen und Muskeln oder von Hufrehe bzw. Kreuzverschlag („Feiertagskrankheit"). Weniger häufig, aber ebenfalls gesundheitsschädlich ist die Unterversorgung eines Pferdes mit den nötigen Nährstoffen, Vitaminen und Mineralien.

> *Safety first*
> Für Pferde, die ausschließlich im Gelände geritten werden, muss auf jeden Fall Bewegungsstau vermieden werden. So genannter „Stallmut" (Bocken, Stürmen, Widersetzlichkeit) kann im Gelände ungleich schwerwiegendere Folgen haben als etwa in einer abgesicherten Umgebung (Halle, Platz).

Gesundheitsfürsorge

Die Fürsorge für die Gesundheit eines Pferdes gehört zu den grundsätzlichen Pflichten für Pferdehalter und Reiter. Eine regelmäßige Kontrolle des **Futterzustandes** und Beobachtung möglicher **Anzeichen** von inneren und äußeren **Erkrankungen** ist bei jedem Pferd, unabhängig von den Haltungsbedingungen, nötig. Werden mögliche **Gesundheitsprobleme** und **Krankheitsanzeichen** bereits im Anfangsstadium erkannt, können sie besser und mit viel mehr Aussichten auf Erfolg behandelt werden als zu einem späteren Zeitpunkt.

PAT-Werte

Ein wichtiges Kriterium für den **Gesundheitszustand** eines Pferdes sind die so genannten **PAT-Werte** (**P**uls, **A**tmung, **T**emperatur). Der **Puls** wird am Unterkiefer gefühlt. (Die Gefäße sind am oberen Drittel der Unterkiefer an der Unterseite zu ertasten, da sie dort dicht unter der Haut von der Außenseite nach innen über den Knochen verlaufen.) Die **Atemzüge** lassen sich an der Bewegung der Nüstern oder am Heben und Senken der Flanken ablesen. (Bei einem gesunden Pferd in Ruhe ist die Atmung so gut wie gar nicht zu sehen.)

Zum Ermitteln der **Körpertemperatur** wird ein Fieberthermometer in den After eingeführt.

Zum besseren Einführen das Thermometer anfeuchten. Das Thermometer muss so weit eingeführt werden, dass nur noch ein kurzes Ende zum Festhalten herausschaut. (Durch einen angeknoteten Bindfaden, der mit einer Wäscheklammer am Schweif befestigt wird, ist das Thermometer vor dem Verschwinden im Darm gesichert.)

> *Im Überblick: PAT-Werte*
> **bei einem gesunden, ausgewachsenen Pferd in Ruhe:**
> - Puls 28–40 Herzschläge pro Minute
> - Atmung 8–16 Atemzüge pro Minute
> - Temperatur 37,5–38,2 °C

Wurmkuren und Impfungen

Alle Pferde müssen regelmäßig (mindestens zweimal jährlich, bei Bedarf öfter) **entwurmt** werden. Regelmäßige **Schutzimpfungen** gehören heute zu den Standards der Pferdehaltung. Wegen der hohen Infektionsgefahr sollte jedes Pferd gegen **Tetanus** geimpft werden; zumindest in Risikogebieten ist die **Tollwutimpfung** empfehlenswert. Eine Vorsorgeimpfung gegen die **Pferde-Influenza** ist auf Turnieren und vielen breitensportlichen Veranstaltungen vorgeschrieben, aber auch für den Gesamt-Pferdebestand zu empfehlen. Über weitere Impfungen – zum Beispiel gegen **Herpeserreger** –, mögliche Kombinationsimpfungen und die Zeiträume für die nötigen Auffrischungen beraten die **Tierärzte**.

Fütterung

Zur artgerechten Pferdehaltung gehört eine **bedarfsgerechte Fütterung** für jedes Pferd.

Art, Zusammensetzung und Menge des richtigen Futters für jedes Pferd richtet sich nach Rasse, Größe, Typ, Alter, Futterzustand und geforderter Leistung. Die individuell passende Fütterung eines Pferdes erfordert viel Erfahrung und detailliertes Fachwissen; im Zweifelsfall ist fachmännische Beratung hilfreich.

Pferde sind reine **Pflanzenfresser**. Tierische Futtermittel können sie nicht verdauen. Daher ist auch **Gras** in frischer bzw. getrockneter Form (**Heu**) das einzige Futtermittel, das Pferden in unbegrenzter Menge zur Selbstversorgung zur Verfügung gestellt werden darf (außer im Frühjahr oder auf besonders nährstoffreichen Weiden). Alle übrigen Futtermittel sollten **individuell dosiert** werden. Dabei ist zu beachten, dass **Ponys** im Vergleich zu Großpferden als „gute Futterverwerter" gelten und häufig ganz ohne **Kraftfutter** auskommen.

Zur individuellen Gabe von Kraftfutter müssen Pferde in der Regel getrennt werden, sonst vertreiben ranghöhere Pferde die rangniederen vom Futter. Da Pferde in freier Natur die meiste Zeit des Tages mit der Nahrungsaufnahme verbringen, ist ihr Verdauungssystem nicht auf die einmalige Aufnahme großer Nahrungsmengen eingerichtet (Kolikgefahr). Das Futter – insbesondere Kraftfutter – sollte daher in **kleineren Portionen** gegeben werden. Als Faustregel gilt: Raufutter sollte mindestens zweimal täglich, das Krippenfutter (Kraftfutter) mindestens zwei- bis viermal täglich gegeben werden.

Futtermittel im Überblick

- Saftfutter (Gras, Silagen, Möhren, Futterrüben)
- Kraftfutter (Hafer, Mais, Gerste, industriell gefertigte Futtermischungen)
- Raufutter (Heu, Futterstroh)
- Einzelfutter (zur Ergänzung des Kraftfutters: eingeweichte Rübenschnitzel, Melasse, Kleie, Leinsamen, Vitamin- und Mineralfuttermischungen)

Tränken

Pferde haben einen verhältnismäßig hohen **Wasserbedarf**, der sich in Abhängigkeit von Außentemperatur und geforderter Leistung noch über die als Richtwert geltenden **50 Liter pro Tag** für ein Großpferd steigern kann. Daher sollten alle Pferde – auch auf der Weide – ungehinderten Zugang zu **sauberem Wasser** in unbegrenzter Menge haben.

Werden Pferde **von Hand** getränkt, dann muss ihnen mindestens dreimal am Tag eine ausreichende Menge frisches Wasser angeboten wer-

3 den. Beim Tränken ist Geduld erforderlich, da bedächtiges Saufen mit Pausen und Lippenspielen zum Pferdeverhalten gehört. Zu bedenken ist dabei, dass Pferde oft in der Erwartung einer Kraftfuttergabe die Wasseraufnahme verweigern, aber nach der Verdauungspause, vor allem nach der Gabe von Raufutter, **Durst** haben. Pferde nehmen nie zu viel Wasser auf, höchstens zu viel auf einmal. Aber auch das Gegenteil, zu wenig Wasseraufnahme, ist schädlich für die Pferdegesundheit.

> **!** *Safety first*
> **Durch Fremdkörper verunreinigtes oder abgestandenes, übel riechendes Wasser wird von Pferden nicht angenommen. Wassermangel kann zu Koliken und starker Kreislaufbelastung führen.**

Geländepferde sollten das Tränken aus dem Eimer kennen, damit sie unterwegs problemlos versorgt werden können. Wegen ihres **hohen Flüssigkeitsbedarfs** brauchen Pferde auf längeren Ritten Gelegenheit zur **Wasseraufnahme**. Die beste Lösung ist es, sie bei jeder sich bietenden Gelegenheit saufen zu lassen. Bei mehrstündigen Ritten muss mindestens eine Rast mit der Möglichkeit zur Wasseraufnahme für die Pferde eingeplant werden. Als Schutz vor gesundheitsgefährdendem, gierigen Saufen empfiehlt es sich, vor dem Abtrensen zu tränken. Das Gebiss im Pferdemaul verhindert eine allzu rasche Wasseraufnahme.

Gut gesichert und rundum zugänglich – so soll eine Weidetränke angebracht werden.

Umgang mit dem Pferd

Bei allem Umgang mit Pferden ist **Aufmerksamkeit** das oberste Gebot. Die Reaktionsschnelligkeit der Pferde beim Auftreten plötzlicher realer oder vermeintlicher Gefahrensituationen ist Anlass für die meisten Unfälle. Die **Regeln** für eine korrekte **Annäherung** an das Pferd (seitlich von vorn), die **sicheren Standorte** bei der Pferdepflege (neben der Schulter, sonst dicht am Pferd, nie dahinter) und für **sicheres Führen und Anbinden** (Strick nie um die Hand wickeln, in Höhe der Pferdeschulter führen, immer rechtsherum vom Führenden weg drehen, Pferd nie an beweglichen Teilen oder in Reichweite von beweglichen

Gegenständen anbinden) müssen immer eingehalten werden – auch im Umgang mit vertrauten, braven Pferden.

Es versteht sich von selbst, dass Geländepferde sich bei einer geplanten Rast sicher führen und anbinden lassen müssen. Unter **Aufregung** an fremdem Ort können auch sonst gehorsame Pferde hier Probleme zeigen. Das beste Mittel, um ungewohnte Situationen zu entschärfen, ist die Gesellschaft eines ruhigen, erfahrenen **Führpferdes**.

Vormustern

Das **Vorführen** eines Pferdes vor dem Tierarzt, Schmied oder Richter nennt man Vormustern und ist Bestandteil der praktischen **Reitpass-Prüfung**. Bei der Prüfung zum Deutschen Reitpass wird hierfür das gesattelte und gezäumte Pferd der Prüfungskommission zunächst im **Stand**, dann im **Schritt** und **Trab** vorgeführt. Damit der Betrachter im Stand von der Seite alle vier Pferdebeine auf einmal sehen kann, ist die **offene Aufstellung** üblich. Beim **Halten** steht der Pferdeführer vor dem Pferd und fasst beide Zügel eine Handbreit unterhalb der Gebissringe an. Die Zügelenden liegen zusammengelegt in der rechten Hand.
Anschließend wird das Pferd im Schritt und Tab auf gerader Linie nach Anweisung der Prüfer vorgeführt. Das Erheben der **linken Hand** auf Höhe des **Pferdeauges** kann helfen, das Pferd zu wenden oder ruhiger zu halten. **Gewendet** wird nur im Schritt immer nach **rechts**! Nicht alle Pferde lassen sich problemlos im Trab führen. Daher ist es wichtig, das Vormustern regelmäßig zu üben. Vor jedem längeren Ritt oder einer besonderen Beanspruchung sollten **Gesundheits- und Allgemeinzustand** überprüft werden. Ist ein Pferd lahm oder in schlechter gesundheitlicher Verfassung, sollte auf den Ritt verzichtet werden.

Verladen

Jedes Geländepferd sollte sich problemlos **verladen** und im Anhänger oder Pferdetransporter sicher **transportieren** lassen. Unvorhergesehene Ereignisse im Gelände, vor allem plötzlich auftretende gesundheitliche Probleme können einen Rücktransport nötig machen. Um das **Verladen** zu üben, ist unbekanntes Gelände der denkbar ungeeignetste Ort. Daher sollte jedes Pferd das Verladen in Ruhe im Heimatstall **erlernen** und entsprechend **üben**, bis es zur selbstverständlichen

Routine geworden ist. Zum Üben des Verladens sollten anfangs mehrere **erfahrene Helfer** bereitstehen.

Das Betreten der schrägen Rampe und des engen Innenraumes in Anhänger oder Transporter ist für viele Pferde verständlicherweise zunächst mit Misstrauen oder Angst verbunden. Auch hier gelingt der Einstieg meist hinter einem erfahrenen **Führpferd** her am besten.
Eine Reihe weiterer Maßnahmen kann helfen, einem Pferd den Einstieg in den Hänger schmackhaft zu machen.

Leichteres Verladen im Überblick:

- Parken direkt seitlich an einer Mauer oder Wand
- Ausreichende Helligkeit (Öffnen der Ausstiegsluke, Beleuchtung)
- Stroh oder Späne auf dem Hängerboden
- Breitstellen der Trennwand
- Lockfutter
- Zwei Longen hinter dem Pferd kreuzen
- Hufe nacheinander anheben und nach vorn setzen

☞ Danach kann gefragt werden:

1. Beschreibe kurz, wie die Vorfahren unserer heutigen Pferderassen gelebt haben.

2. Zähle die natürlichen Bedürfnisse der Pferde auf, die bei der Haltung berücksichtigt werden müssen. (Mindestens 5)

3. Welche unterschiedlichen Haltungsformen haben sich in der Pferdehaltung eingebürgert?

4. Welche Möglichkeiten des Witterungsschutzes auf der Weide kennst du?

5. Zähle einige wichtige Vorteile des regelmäßigen Weidegangs für Pferde auf!

6. Welche Bedingungen können die ganzjährige Weidehaltung begrenzen?

7. Beschreibe die Gruppen-Auslaufhaltung!

8. Was ist richtig? Jedes Pferd braucht .... Bewegung
   - ❏ regelmäßig
   - ❏ selten
   - ❏ abwechslungsreiche
   - ❏ täglich
   - ❏ einmal die Woche
   - ❏ eintönig

9. Wofür stehen die PAT-Werte und wie sollten sie bei einem ausgewachsenen Pferd in Ruhe sein? Kontrolliere bei nächster Gelegenheit diese Werte bei deinem Pferd!

10. Welche Auswirkungen auf die Fütterung hat es, dass Pferde früher in freier Natur die meiste Zeit des Tages mit Fressen verbracht haben?

11. Wie viel Wasser braucht ein Pferd, und ist es daher sinnvoll, dem Pferd nur einmal täglich Wasser anzubieten? Wie solltest du es auf einem längeren Ritt handhaben?

12. Gib eine kurze Beschreibung, was bei dem Umgang mit dem Pferd besonders zu beachten ist.

13. Welches ist der wichtigste Grund dafür, dass Pferde gelernt haben müssen, sich problemlos auch an unbekannten Orten verladen zu lassen?

14. Nenne Maßnahmen, die das Verladen eines Pferdes erleichtern können!

Ausrüstung für Reiter und Pferd

Ausrüstung für Reiter

Reitbekleidung, die ihren Zweck erfüllen soll, muss bequem, funktional und **sicher** sein. Zu enge oder zu weite, schlecht sitzende oder falsch geschnittene Kleidung kann die Einwirkung des Reiters auf sein Pferd stören, behindern oder gar verhindern. Reitbekleidung sollte daher im eigenen Interesse unter fachgerechten Gesichtspunkten **ausgewählt** und **angepasst** werden. Für die Wahl des korrekten Reit-Outfits sind verschiedene Alternativen möglich, die auch zum **Standard** der jeweiligen **Reitweise** passen sollten.

> **!** *Safety first*
> Ästhetische und modische Aspekte der Reitbekleidung dürfen bei der Auswahl nicht wichtiger sein als Funktionalität und Sicherheit.

Korrekt ausgerüstet für den Ausritt

Kopfbedeckung

Unverzichtbar für die Sicherheit ist auf jeden Fall ein Reithelm, der den gültigen **Sicherheitsnormen (DIN EN 1384)** entspricht. Da diese Normen in den letzten zehn Jahren stark verändert wurden, entspricht ein älterer oder gebraucht erworbener Helm meist nicht geltenden Sicherheitsstandards – abgesehen von Mängeln in der Passform. Am passenden und bequemen Helm sollte kein Reiter sparen!

Sichere Helme tragen das **DIN bzw. EN-Prüfzeichen** und verfügen über eine **Drei- bzw. Vierpunktbefestigung**, sind stoß- und schlagfest und haben einen **flexiblen Schirm**. Von der Verwendung eines **Kinnschutzes** ist vom heutigen Kenntnisstand her aufgrund möglicher Kieferverletzungen **abzuraten**. Wichtig für die Auswahl eines geeigneten Helmes sind **Passform** und gleichzeitige **Bequemlichkeit**. Der Helm darf nicht rutschen, aber auch nicht drücken und muss so gut belüftet sein, dass selbst bei höheren Außentemperaturen und auf längeren Ritten darunter kein Hitzestau entsteht.

Kinder und Jugendliche verändern während des Wachstums nicht nur ihre Körpergröße und Gestalt, sondern auch die Größe und Form des Kopfes. Es ist daher sinnvoll, regelmäßig den **Sitz** des Helmes **zu prüfen**. Ein zu kleiner, zu großer oder nicht passformgerechter Helm schützt nicht, sondern stört und gefährdet. Wenn ein Helm nach einem **Sturz** offensichtliche Schäden zeigt oder die Möglichkeit verdeckter Schäden besteht, sollte er im Interesse der eigenen Sicherheit gegen einen neuen **ausgetauscht** werden.

Safety first
Schütze deinen Kopf! Reiter, die keinen Helm tragen, können nach einem Unfall finanzielle Nachteile entstehen. In Präzedenzfällen haben Versicherungen Entschädigungszahlungen vom Tragen eines Helmes abhängig gemacht – unabhängig davon, ob eine Kopfverletzung vorlag.

Für Bewerber in der klassischen Reitweise besteht auf dem Prüfungsausritt **Helmpflicht**.

Für Westernreiter wird empfohlen, den üblichen Hut mit einer stoß- und schlagfesten Helmeinlage zu kombinieren.

Reithosen und Reitstiefel

Für den sicheren Sitz im Sattel ist eine gut **passende Reithose** notwendig, die nicht einengt, scheuert, drückt oder unerwünschte Falten schlägt. Sie muss vor allem im Beckenbereich, an den Innenseiten der Oberschenkel und an den Knien bequemen Kontakt zum Sattel erlauben. Im Handel sind verschiedene Modelle erhältlich: **Stiefelhosen** werden mit Fußbekleidung kombiniert, die bis unterhalb der Knie reicht. Zu knöchellangen **Jodhpurhosen** können kurze Stiefeletten getragen werden.

Für Reithosen üblich ist ein rutschfester, verschleißhemmender Leder-, Kunstleder- oder High-Tec-Besatz an den Knien und Waden oder zusätzlich am Gesäß.

Im Überblick: Sichere Fußbekleidung

- reicht bis über den Knöchel zum Schutz der empfindlichen Gelenke
- hat einen Absatz, damit der Fuß nicht durch den Steigbügel rutscht
- hat eine bis zum Absatz durchgehende Sohle
- hat eine nicht zu breite Sohle, die sich nicht im Steigbügel festklemmen kann

Für eine geeignete **Fußbekleidung** sind verschiedene Varianten möglich. Neben den traditionellen **langen Stiefeln** aus Leder oder Kunststoff sind vermehrt **kurze Stiefeletten** (zum Schlüpfen, Schnüren oder Schnallen) üblich. Sie werden zu Stiefelhosen in Kombination mit **separaten Stiefelschäften** oder **so genannten kurzen Chaps** (Chapsletten) getragen. Möglich ist auch, sie mit Jodhpurhosen (bis über die Knöchel reichenden Reithosen mit Verstärkungen an den Innenseiten) zu kombinieren. Lederne Beinschlaufen, die mit einem Gürtel befestigt werden, die so genannten **langen Chaps**, können als Überhose zum Reiten genutzt werden; sie bieten gleichzeitig einen guten Wetterschutz.

> **! Safety first**
> Geländereiter müssen in ihrer Fußbekleidung nicht nur reiten, sondern auch bequem laufen können. Die Notwendigkeit, ein Pferd ein Stück weit zu führen, kann unverhofft eintreten!

Oberbekleidung

Die **Oberbekleidung** sollte **körpernah** und wettergerecht gewählt werden. Zu enge und zu weite oder zu lange Oberteile behindern beim Auf- und Absitzen und bei der Bewegung auf dem Pferd, zum Beispiel beim Leichttraben. Auf Ausritten muss die Kleidung vor möglichen **Witterungseinflüssen** schützen, etwa vor Sonne, Wind oder Regen. Für gründlichen **Schutz vor Nässe** werden nicht nur wasserdichte Jacken und Überhosen angeboten, sondern auch Mäntel und Capes, die zum Teil das Sattelzeug und die Nierenpartie des Pferdes mit abdecken. Auf jedem längeren Ausritt sollte ein **Regenschutz** mitgeführt werden, der problemlos am Sattel befestigt werden kann.

Bei Ausritten in der **Dämmerung** und **Dunkelheit** werden **reflektierende Elemente** an der Kleidung dringend empfohlen. Die im Straßenverkehrsgesetz geforderte **Beleuchtung** eines Reiters im Straßenverkehr reicht unter Umständen nicht aus, um einen Reiter für andere Verkehrsteilnehmer rechtzeitig sichtbar zu machen.

Schließlich kann im Gelände – insbesondere beim Springen – eine spezielle Schutzweste vor möglichen Sturzverletzungen schützen und ist daher beim Überwinden fester Hindernisse zu empfehlen.

Ein nützlicher Tipp ist es, sich das Reiten mit Handschuhen anzugewöhnen – auch im Sommer. Mit speziellen Reithandschuhen lassen sich die Zügel besser und sicherer greifen.

> **Safety first**
> Das Knistern und mögliche Aufbauschen von Wind- und Regenkleidung kann Pferde erschrecken. Pferde müssen behutsam daran gewöhnt werden. Im Zweifelsfall zum An- und Ausziehen des Wind- und Regenschutzes absitzen!

Gerte und Sporen

Zusätzliche Ausrüstungsgegenstände des Reiters sind wahlweise **Gerte** und **Sporen**. Die Verwendung dieser **Hilfsmittel** richtet sich immer nach dem jeweiligen Pferd und sollte vorher mit dem Ausbilder oder Leiter des Ausrittes bzw. dem Prüfungsgremium abgesprochen werden.

Die **Gerte** für den Ausritt sollte nicht zu lang sein, damit der Reiter mit ihr nicht hängen bleibt oder seine Mitreiter stört (höchstens ca. 1 Meter). Das Mitführen einer Gerte kann hilfreich sein, um ein Pferd im Konfliktfall (Scheuen oder Widersetzlichkeit) energisch antreiben zu können. Voraussetzung ist immer, dass ein Pferd die **Gertenhilfe** kennt und akzeptiert.

Von den auf Ausritten verwendeten **Sporen** darf keine **Verletzungsgefahr** für das Pferd ausgehen, auch nicht bei möglichen Unstimmigkeiten mit dem Pferd. Deshalb sind kürzere, stumpfe Sporen zu bevorzugen.

Sicher unterwegs

Die Verwendung von **Sonnen- und Insektenschutzmitteln** bei entsprechender Witterung schützt vor möglichen Unannehmlichkeiten.

Ein mitgeführtes **Mobiltelefon** kann bei einem Unfall eine rasche Unfallmeldung ermöglichen. Allerdings besteht nicht überall im Gelände Funkverbindung. Daher sollte die geplante **Wegstrecke** und die **Dauer** eines Ausrittes möglichst im Heimatstall **bekannt** sein.
Hilfreich bei unterwegs auftretenden Verletzungen ist ein kleines **Erste-Hilfe-Päckchen**, das problemlos (zum Beispiel als Gürteltasche) mitgeführt werden kann. Bei möglicherweise aufkommender schlech-

ter Sicht (Nebel, beginnender Dämmerung) sollten vorsorglich die vorgeschriebenen **Leuchten** (siehe Seite 77) mitgeführt werden.

Ausrüstung für Pferde

Fertig für den Ausritt:
mit Vielseitigkeitssattel, Trense und Martingal

Die **Ausrüstung** für das Pferd muss zweckmäßig, sicher und gepflegt sein. Sie soll dem **Standard** der jeweiligen **Reitweise** entsprechen. Sattel und Trense müssen dem Pferd **passen**, gut sitzen, richtig verschnallt sein und in ihrer Größe dem Reiter entsprechen (Sitzfläche des Sattels).

Die grundlegende Ausrüstung für ein Geländepferd besteht aus einem **Sattel** und einer **Trense** mit einem gebrochenen Gebiss. Von dieser Ausrüstung – vor allem der Zäumung auf Trense – sollte nur aus wichtigem, fachlichen Grund abgewichen werden. Bei allen Entscheidungen über die Pferdeausrüstung ist es sinnvoll, einen Ausbilder zu fragen. Über die **Zulässigkeit der Ausrüstung** beim Prüfungsausritt entscheidet im Einzelfall das Prüfungsgremium.

> **!** *Safety first*
> **Die regelmäßige Reinigung und Pflege der Ausrüstung, insbesondere aller Teile, die mit dem Pferdefell direkt in Berührung kommen, ist unerlässlich! Verschmutzte Ausrüstung fördert die Bildung von Druck- und Scheuerstellen.**

Regelmäßige Pflege trägt zur Sicherheit der Ausrüstung bei.

Deutscher Reitpass

Der Sattel

In der klassischen Reitweise wird für das Reiten im Gelände ein **Vielseitigkeitssattel** empfohlen. Er bietet dem Reiterknie beim Reiten im leichten Sitz sicheren Halt, erlaubt aber auch dressurmäßiges Reiten. Die **Steigbügel** müssen massiv, schwer und breit genug sein, sodass der Fuß an seiner breitesten Stelle bequem auf der Bügelsohle ruhen kann, ohne im Bügel zu klemmen. Alternativ sind verschiedene Modelle von **Sicherheitssteigbügeln** erhältlich. Sie sind mit unterschiedlichen Mechanismen ausgestattet, die nach einem Sturz verhindern sollen, dass der Fuß des Reiters im Steigbügel hängen bleibt. Das **Sattelschloss**, in das der Bügelriemen eingehakt wird, muss auf einem Ausritt stets **geöffnet** oder sehr leicht zu öffnen (gut geölt) sein. So kann sich bei einem Sturz auch der Bügelriemen vom Sattel lösen.

Eine gut gepolsterte, saugfähige **Sattelunterlage** und ein breiter, weicher **Sattelgurt** mindern die Gefahr von Sattel- oder Gurtdruck bei längeren Ritten. Beides wird in unterschiedlichsten Form- und Materialvarianten angeboten.

Das Sattelschloss sollte beim Ausritt geöffnet oder zumindest ganz leicht gängig sein.

Die Zäumung

Für das Reiten im Gelände wird in der klassischen Reitweise die Zäumung auf **Trense mit gebrochenem Gebiss** empfohlen. Die Verwendung eines **Reithalfters** (hannoversches, kombiniertes, englisches, schwedisches oder Bügelreithalfter) begünstigt den sicheren Sitz des Trensengebisses und damit die korrekte Einwirkung des Reiters. Die Trense selbst muss in ihrer **Größe** (Länge der Backenstücke, des Nasenriemens, des Stirnriemens usw.) zum Pferdekopf **passen** und korrekt **verschnallt** sein.

Das Gebiss muss in seiner **Länge** und **Stärke** (Dicke) zur Anatomie des Pferdemauls **passen** und sollte die Maulwinkel weder einklemmen noch mehr als 0,5 cm seitlich überstehen. Für die **DRP-Prüfung** müssen Gebisse (am Maulwinkel gemessen) für Großpferde mindestens 14 mm, für Ponys 10 mm dick sein. Die Verwendung anderer **Gebisse** und **gebissloser Zäumungen** (z.B. Bosal) sollte vorab mit dem Lehrgangsleiter und den Prüfern besprochen werden.

Die **Auswahl** eines passenden Gebisses ist für eine reibungslose Verständigung mit dem Pferd von Ausschlag gebender Bedeutung. Da jedes Pferd individuell auf ein Gebiss reagiert, ist es wichtig, die **Reaktionen** des Pferdes auf die **Zäumung** genau zu beobachten. Bestehen Zweifel an der Wahl des richtigen Gebisses, sollten Alternativen nur sehr behutsam und am besten unter Anleitung ausprobiert werden.

Eine **schärfere Einwirkung** auf das Pferdemaul entsteht durch **dünne Gebisse**, unflexible **Stangengebisse** und durch jede **Hebelwirkung**. Schärfere Gebisse sichern nicht unbedingt eine bessere Kontrolle über das Pferd. Wenn die Gebisswirkung dem Pferd unangenehm ist, wird es jeden Kontakt zur Reiterhand meiden. Damit unterläuft es eine sichere Einwirkung. Im Konfliktfall bergen scharfe Gebisse sogar die **Gefahr**, dem Pferd Schmerzen und Verletzungen zuzufügen. Das kann zu vermehrtem **Widerstand** und zum genauen Gegenteil der beabsichtigten Wirkung führen.

> **!** *Safety first*
> Experimentiere nicht mit ungewohnten Gebissen im Gelände! Probiere die Wirkung einer Zäumung zunächst in sicherer Umgebung (Reithalle, Platz) aus.

Hilfszügel

Pferde brauchen ihren Hals als **Balancierstange**, ganz besonders im Gelände. Alle **Hilfszügel**, die den Pferdehals begrenzen (Ausbinde-, Stoß- Lauffer- oder Dreieckszügel), dürfen beim Ausreiten aus Sicherheitsgründen **nicht verwendet** werden. Als Hilfszügel für das Reiten im Gelände ist nur das gleitende **Ringmartingal** geeignet. Das Martingal kann separat oder in Kombination mit einem **Vorderzeug** eingeschnallt werden. Ein separates **Martingal** muss auf jeden Fall mit einem **Stopper** auf der Pferdebrust vor dem Verrutschen gesichert werden – andernfalls besteht die Gefahr, dass das Pferd versehentlich hineintritt oder -springt. Ein schwerer Sturz wäre die unvermeidliche Folge.

Damit die **Martingalringe** sich nicht hinter den Zügelschnallen am Gebiss verhaken können, müssen auf den Zügeln so genannte **Martingalschieber** angebracht sein (nur entbehrlich bei Zügeln, die ohne Schnallen und Haken ins Gebiss eingeschlauft werden). Die beiden Ringe des Martingals zeigen nach **oben**, während die Zügel durchgeschoben werden.

Das Martingal muss so **lang verschnallt** werden, dass es bei einer natürlichen Kopfhaltung des Pferdes **durchhängt**. Es soll nur dann auf den Zügel einwirken, wenn das Pferd sich mit hoch genommenem Kopf dem Kontakt zur Reiterhand zu entziehen versucht.

Richtig und lang genug verschnallt – das Martingal hängt bei anstehenden Zügeln durch

Im Überblick: Sicherheits-Check vor dem Ausritt

- Sitzen Sattel und Trense fachgerecht?
- Sind die gefährdeten Verschleißteile – Zügel, Gurtstrupfen, Bügelriemen – in gutem Zustand?
- Ist das Sattelschloss geöffnet bzw. leicht zu öffnen, damit sich der Bügelriemen bei einem möglichen Sturz vom Sattel lösen kann?
- Ist der Sattel vor dem Aufsitzen genügend fest angegurtet?

4

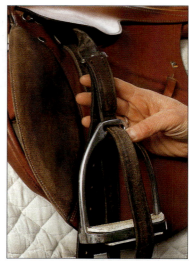

> **! Safety first**
> Auch im Gelände muss nachgegurtet werden, etwa nach der ersten zehnminütigen Schrittphase.

Sicherheitscheck vor dem Ausreiten: das Überprüfen der Gurtstrupfen und der Nahtstellen an den Steigbügelriemen

Schutz für Beine und Hufe

Zum **Schutz** der Pferdebeine vor **äußeren Verletzungen** können bei Bedarf **Gamaschen** angelegt werden. Wenn ein Pferd dazu neigt, mit einem Fesselkopf das gegenüberliegende Bein zu streifen, ist ein **Streichschutz** an den Vorder- bzw. Hinterbeinen zu empfehlen. Der Handel hält hier eine Fülle von Angeboten bereit.

Wenn **Gamaschen** angelegt werden, müssen sie passen und so angebracht werden, dass sie einerseits die Pferdebeine nicht einengen oder abschnüren, andererseits aber auch nicht verrutschen. Dennoch besteht im Gelände die Gefahr, dass sich Sand oder kleine Fremdkörper zwischen Pferdebein und Gamasche **einklemmen**. Daher ist es sinnvoll, auf längeren Ritten Gamaschen unterwegs zu **kontrollieren**. Gamaschen und Streichkappen werden immer an den **Außenseiten** der Beine mit der **Zugrichtung** von vorne nach hinten geschlossen.

> **! Safety first**
> Bandagen eignen sich nicht für das Reiten im Gelände. Sie rutschen (auch bei Einwirkung von außen) leichter und verziehen sich eventuell bei Nässe.

Sprungglocken können Kronenrand und Ballen vor Verletzungen schützen, insbesondere dann, wenn ein Pferd dazu neigt, sich zu **greifen** (mit den Hinterhufen die Vorderhufe zu berühren). Allerdings geht auch von den Sprungglocken selbst eine **Verletzungsgefahr** für das Pferd aus: Sie können in den empfindlichen Fesselbeugen **scheuern**. Außerdem setzen sich zwischen Sprungglocken und Kronenrand leicht Sand und Fremdkörper fest. Daher sollte man ein Pferd unbedingt behutsam an das Tragen von Sprungglocken **gewöhnen**. Auf längeren Ritten müssen die Glocken genau wie Gamaschen bei jeder Rast **kontrolliert** werden.

Insektenschutz

Je nach Gegend, Jahreszeit und Witterung ist ein **Insektenschutz** nicht nur für Reiter, sondern auch für Pferde unverzichtbar. Fliegen, Stechmücken und insbesondere die so genannten „Pferdebremsen" werden von Pferden regelrecht angezogen – verstärkt bei Schweißabsonderung.

Die Fülle von Produkten zum Schutz vor Insekten ist groß. Sie reicht von **Fliegenschutzdecken** (für den Gebrauch im Stall und als Abschwitzdecke bei sommerlichen Temperaturen) über **Fliegennetze**, die Pferdeohren und -augen schützen bis zu **Nahrungszusätzen** und **flüssigen Lösungen**, die auf das Pferdefell aufgetragen werden. **Verträglichkeit und Wirkung** müssen im Einzelfall ausprobiert werden. **Fliegenschutznetze** (Ohrenschutz), die am **Kopfzeug** des Pferdes (Trense oder Halfter) befestigt werden, halten die lästigen Insekten von den **Ohren** und **Augen** des Pferdes fern. Bei der Auswahl und beim Anbringen der Netze ist darauf zu achten, dass sie nicht drücken, Falten schlagen oder die Ohren des Pferdes in ihrer Beweglichkeit hindern.

Beim Aufsprühen von **Insektenspray** auf das Pferdefell muss mit **Angstreaktionen** der Pferde auf das begleitende Zischgeräusch gerechnet werden. Das Spray kann dann auf einen Lappen oder Schwamm aufgetragen und das Pferd damit abgewischt werden.

Safety first
Insektenschutz vor dem Aufsitzen auftragen, Pferde im Zweifelsfall vorher losbinden. Niemals direkt auf den Kopf oder die Ohren sprayen, hier immer nur mit Lappen oder Schwamm auftragen, wobei Augen und Nüstern ausgespart bleiben.

Ausrüstung auf längeren Ritten

Auf längeren Ritten, insbesondere auf Wanderritten, besteht Bedarf **an zusätzlichem Zubehör**. Auch hier bietet der Handel unterschiedliche Lösungen an. In **Satteltaschen**, die vor oder hinter dem Sattel bzw. rechts und links hinter den Sattelblättern angebracht werden können, lässt sich mitgeführtes **Gepäck** verstauen. Auch zusätzliches Zubehör zum Sattel darf nicht drücken oder scheuern. Beim Bepacken ist die Devise: „Der Feind heißt Gewicht." Taschen müssen so gepackt werden, dass sich die Packlast **gleichmäßig** auf den **Pferderücken** verteilt (in der Längs- wie in der Querachse).

Auf längeren Ritten sollten z.B. für eine Rast ein **Halfter** und ein ausreichend langer **Anbindestrick** mitgeführt werden. Der Handel bietet verschiedene Varianten von praktischen Anbindemöglichkeiten für unterwegs an, die problemlos auf dem Pferd mitgenommen werden können.

Das Pferd muss auf jeden Fall mit allen **Ausrüstungsgegenständen** gründlich **vertraut** gemacht werden, bevor ein längerer Ritt angetreten wird. Es empfiehlt sich dringend, die gesamte Ausrüstung vorher auf kürzeren Ritten zu **überprüfen**.

☞ *Danach kann gefragt werden:*

1. Benenne die wichtigsten Kriterien, die eine zweckmäßige Reitbekleidung – egal in welcher Reitweise – erfüllen soll!

2. Kreuze an, welche Kriterien der unverzichtbare, sichere Reithelm erfüllen muss:
   - ❏ DIN bzw. EN-Prüfzeichen
   - ❏ bequem
   - ❏ gut aussehend
   - ❏ Kinnschutz
   - ❏ Drei- bzw. Vierpunktbefestigung
   - ❏ zu groß, damit er nicht drückt
   - ❏ gute Passform
   - ❏ flexibler Schirm

3. Gibt es bei der Fußbekleidung in Sachen Sicherheit Anforderungen, die du benennen kannst?

4. Wie soll die Ausrüstung eines Pferdes beschaffen sein? Kreuze an!
   - ❏ möglichst neu
   - ❏ zweckmäßig
   - ❏ zur Farbe des Pferdes passend
   - ❏ gepflegt
   - ❏ für das Ausreiten muss es keine teure Ausrüstung sein
   - ❏ chic
   - ❏ egal, weil beim Reitpass alle Reitweisen zugelassen sind
   - ❏ sicher
   - ❏ die Ausrüstung braucht nicht so anspruchsvoll zu sein, im Gelände wird alles leicht schmutzig

5. Welche Fehler sind bei der Auswahl, beim Verpassen und Auflegen von Sattel und Trense möglich?

6. Beschreibe den einzig zugelassenen Hilfszügel für das Reiten im Gelände!

7. Deine Ausrüstung für das Ausreiten solltest du aus Sicherheitsgründen vor jedem Ausritt überprüfen. Welche Punkte kontrollierst du?

8. Wann kann ein Schutz für die Pferdebeine erforderlich sein und welche Gefahren bestehen beim Ausritt? Wie werden Gamaschen angebracht? Beschreibe kurz, warum du selbst Gamaschen nutzt oder warum nicht.

9. Falls erforderlich, muss Insektenschutz aufgetragen werden. Worauf ist aus Sicherheitsgründen beim Auftragen zu achten?

5 Grundausbildung für Reiter und Pferd

Ausbildung eines Reiters

Wer gut reiten können will, braucht Geschicklichkeit und Übung. Die körperlichen Anforderungen des Reitsports können in der Regel von Reitschülern aller Altersstufen gut gemeistert werden. Reiten ist ein so genannter **Lifetime Sport**, der von Kindesbeinen an bis ins höhere Alter ausgeübt werden kann. Für die Sicherheit im Kontakt mit dem Pferd und das richtige Reagieren in jeder Situation ist ein **regelmäßiges Training** unerlässlich.

Die Verständigung des Reiters mit dem Pferd mittels der **Hilfengebung** ist eine **Körpersprache**, die vom Reiter ein hohes Maß an Körpergefühl und Koordination verlangt. Jeder Reiter muss lernen, sich auf dem Pferderücken sicher **auszubalancieren** und dem **Rhythmus** der Pferdebewegung in allen Gangarten zu folgen; erst dann ist eine gezielte **Einwirkung** auf den Bewegungsablauf des Pferdes möglich. Aus diesem Grund braucht jeder Reiter eine **Grundausbildung**, bevor er sich mit dem Pferd ins Gelände wagen kann – und damit in möglicherweise unvorhergesehene Situationen, die ein schnelles und sicheres Anwenden der Reiterhilfen erfordern. Die Grundausbildung findet zunächst in geschützter Umgebung (Reithalle, Reitplatz) statt. Unverzichtbar ist dabei die Anleitung eines erfahrenen Ausbilders.

Auch im Gelände brauchen Pferd und Reiter fachgerechte Anleitung.

! **Safety first**
Achte auf qualifizierte Anleitung in deiner Grundausbildung. Nur mit einem korrekten Sitz kannst du lernen, die Hilfen richtig anzuwenden.

Der ausbalancierte Sitz

Allen Reitweisen ist die Forderung nach einem **ausbalancierten Sitz** gemeinsam. Für das Reiten im Gelände ist ein sicheres Gleichgewicht unerlässlich. Weil der Sitz immer an die **Pferdebewegung** angepasst werden muss, darf kein Reiter in einer starren Position auf dem Pferd sitzen. Er muss vielmehr lernen, seine eigene **Körperhaltung** den Anforderungen der jeweiligen Situation so gut wie möglich **anzupassen**.

Zwei gegensätzliche Sitzpositionen machen den Bewegungsspielraum des Reiters auf dem Pferd deutlich: Der gestreckte **Dressursitz**, bei dem der Oberkörper in der Senkrechten gehalten wird, und der **leichte Sitz** mit mehr gewinkelten Knie- und Hüftgelenken, bei dem der Oberkörper nach vorne in die Bewegungsrichtung genommen wird.

Um im **Gleichgewicht** sitzen zu können, muss der Reiter seinen Oberkörper gerade halten, auch im leichten Sitz. Zur sicheren Balance im Dressursitz sollte eine Senkrechte durch Schulter-, Hüft- und Fußgelenk gefällt werden können. Die Knie sind in jeder Sitzform mehr oder weniger gebeugt, damit die Innenseite der Beine flach am Pferdekörper anliegen kann. Im Gelände wird gegenüber dem Dressursitz mit leicht verkürzten Bügeln (2 bis 3 Löcher) geritten.

Dressursitz

Leichter Sitz

Im leichten Sitz kann der Oberkörper unterschiedliche Positionen einnehmen.

5 Leichttraben

Im **Leichttraben** soll der Reiter Knie und Unterschenkel in der ursprünglichen Position am Pferd beibehalten und die Aufsteh-Bewegung aus dem Hüftgelenk heraus ausführen. Sichereres Leichttraben genau im Bewegungsrhythmus des Pferdes kann für Pferde und Reiter über längere Strecken relativ ermüdungsfrei durchgeführt werden. Daher ist im Gelände das Leichttraben eine übliche Sitzform im Trab. Um den Pferderücken nicht einseitig zu belasten, sollte jeder Reiter auch im Gelände den **Fuß wechseln**, das heißt sich entweder hinsetzen, wenn der linke oder der rechte Hinterfuß den Boden berührt. Kontrollieren lässt sich die Pferdebewegung dabei durch den Blick auf die jeweilige diagonale Schulter: Zugleich mit dem linken Hinterbein bewegt sich die rechte Pferdeschulter nach vorn und umgekehrt.

Reiterhilfen

Der Reiter kann mit seinem **Gewicht**, den **Unterschenkeln** und den **Zügeln** dem Pferd Signale vermitteln, in der Fachsprache **Hilfen** geben. Entscheidend für die sichere Verständigung mit dem Pferd ist allerdings das **Zusammenwirken** aller Hilfen. Ein Reiter muss lernen, die Hilfen nicht nur korrekt auszuführen, sondern aufeinander und auf die Reaktion des Pferdes abzustimmen.

Als mögliche unterstützende **Hilfsmittel** kommen die **Stimme** sowie bei Bedarf Gerte und Sporen (siehe auch Seite 45) hinzu. Die Stimme ist dabei ein wichtiges Hilfsmittel, denn Pferde haben ein außerordentlich feines Gehör und können sich genau an der Stimmlage und am Tonfall orientieren. Eine **beruhigende Stimme** verbunden mit einer entsprechenden Geste wie Klopfen am Hals kann in aufregenden Situationen deutlich zur Entspannung beitragen.

Gewichtshilfen

Die Gewichtshilfen werden durch die **Position des Beckens** im Sattel und die **Haltung des Oberkörpers** bestimmt. Werden beide Gesäßknochen (Sitzbeinhöcker) gleichmäßig belastet, spricht man von beidseitig **belastenden Gewichtshilfen**.

In jeder **Wendung** und auf jeder **gebogenen Linie** muss ein Reiter sein Gewicht vermehrt zu einer Seite verlagern. Dazu wird im Dressursitz die jeweils innere Hüfte vermehrt vorgeschoben und der innere Gesäßknochen zugleich mehr belastet, im leichten Sitz der innere Bügel vermehrt ausgetreten. Der Oberkörper bleibt dabei in sich gerade in der Mitte über dem Pferderücken ohne seitlichen Knick in Taillen- oder Hüfthöhe. Bei der seitlichen Gewichtsverlagerung spricht man von **einseitig belastenden Gewichtshilfen**.

Durch Vorneigen des Oberkörpers im leichten Sitz wird weniger Gewicht über die Gesäßknochen auf den Sattel übertragen; man spricht von **entlastenden Gewichtshilfen**. Entlastung kann nicht nur in höherem Tempo oder über Hindernissen sinnvoll sein, sondern z.B. auch, wenn das Pferd rückwärts treten soll.

Schenkelhilfen

Schenkelhilfen bestehen in dosiertem Druck mit der flach anliegenden **Wade** gegen den Pferdekörper. Durch leichtes Abfedern der Pferdebewegung über ein bewegliches Fußgelenk bis in den tiefen Absatz wird der Wadenmuskel rhythmisch angespannt und sorgt so für einen Impuls auf den Pferdekörper. Bei Bedarf kann dabei der Druck (kurzzeitig) verstärkt werden. In der Ausgangsposition liegt der Unterschenkel direkt **am Gurt**, das heißt die vordere Schienbeinkante liegt etwa an der hinteren Kante des Sattelgurtes. Schenkelhilfen in dieser Position regen das gleichseitige Hinterbein des Pferdes zum Vortreten

Reite an einer möglichen Gefahrenstelle vorwärts seitwärts vorbei.

an und werden daher auch **vorwärts treibende Schenkelhilfen** genannt. Wird der Unterschenkel **eine Handbreit zurück** genommen, dann begrenzt er die Hinterhand des Pferdes seitlich. In der Reitlehre ist dabei vom **verwahrenden Schenkel** die Rede.

Wenn das Pferd vor einer einseitigen Schenkelhilfe seitwärts weichen soll (Schenkelweichen), wird der entsprechende **vorwärts seitwärts treibende Schenkel** eine knappe Handbreit zurückgenommen und deutlicher seitlicher Druck ausgeübt – die äußeren Hilfen wirken dabei verwahrend. Auch im Gelände kann das Schenkelweichen hilfreich sein. Pferde lassen sich im angedeuteten Schenkelweichen besser an einer Angst auslösenden Gefahrenstelle vorbeireiten.

Zügelhilfen

Nur, wenn zwischen Reiterhand und Pferdemaul eine beständige, leichte **Verbindung** besteht, können Zügelhilfen vom Pferd verstanden und befolgt werden. Um die Verbindung zum Pferdemaul sicher aufrecht zu erhalten, muss ein Reiter seine Hände unabhängig vom Sitz führen können.

Die wichtigste Funktion der Zügel ist es, die Bewegung des Pferdes kontrolliert zuzulassen. Daher haben **nachgebende Zügelhilfen** – ausgeführt durch Federn des Handgelenkes bzw. Vorgehen mit der Zügelfaust in Richtung Pferdemaul – Vorrang vor allen anderen Zügelhilfen. Das Nicht-Nachgeben des Zügels gilt bereits als Zügelhilfe; in der Fachsprache **durchhaltende Zügelhilfe** genannt. Eine **annehmende Zügelhilfe** (einseitiges oder beidseitiges Verkürzen eines Zügels) wird durch **kurzzeitiges** Eindrehen der Zügelfaust ausgeführt. Reicht diese Bewegung nicht aus, muss der Zügel nachgefasst werden. Annehmende Zügelhilfen dürfen immer nur kurzzeitig gegeben werden; auf jedes Annehmen der Zügel muss ein **Nachgeben** folgen. In der Reitlehre ist es tabu, die Hand rückwärts zu führen, am Zügel zu ziehen oder mit der Zügelfaust über den Mähnenkamm zu kreuzen.

In jeder **Wendung** muss der Reiter die **äußere** Körperseite des Pferdes **begrenzen**, damit sich der Pferdekörper harmonisch der Wendung anpassen kann. Dazu ist ein dosierter Kontakt mit dem **äußeren verwahrenden Zügel** nötig, der bei Bedarf auch den nötigen Bewegungsspielraum nach vorne erlaubt.

> **! Safety first**
> Gefühlvolle Zügelhilfen, so genannte „weiche Hände", gelten als Visitenkarte des guten Reiters. Grobe Einwirkung mit den Zügeln fügt dem Pferd Schmerzen zu und kann Widerstand statt Gehorsam provozieren.

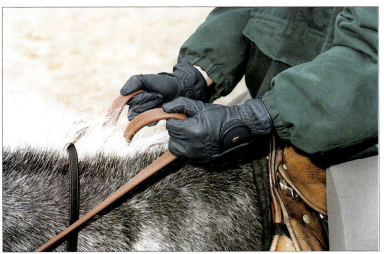

Aufrecht und mit geschlossenen Fingern – so sieht die korrekte Haltung der Zügelfäuste aus.

Wie in der Reitbahn wird auch im Gelände von **inneren** und **äußeren Hilfen** gesprochen – „innen" bezeichnet jeweils die Innenseite in einer Wendung oder die Richtung, in die das Genick des Pferdes seitlich gestellt ist. Durch die Zusammenarbeit innerer und äußerer Schenkel- und Zügelhilfen wird das Pferd **eingerahmt** und genau auf dem beabsichtigten Weg gehalten.

Durch seitliches Wegführen der Hand vom Pferdehals entsteht die **seitwärts weisende Zügelhilfe**. Auf diese Weise kann dem Pferd bei Bedarf eine Änderung der Bewegungsrichtung besonders deutlich gemacht werden.

Koordination der Hilfen

Für eine sichere **Einwirkung** auf das Pferd müssen stets **alle Hilfen** – aufeinander und auf die Situation abgestimmt – **zusammenwirken**. Isolierte Hilfen wie beispielsweise das Annehmen nur eines Zügels ohne dosierten Kontakt mit dem gegenüberliegenden Zügel und ohne unterstützende Gewichts- und Schenkelhilfen bewirken beim Pferd höchstens Unverständnis oder **Widerstand**.

5

Hilfen sind immer nur **kurzzeitige Impulse**; befolgt das Pferd sie nicht, dann werden sie noch einmal in stärkerer Dosierung **wiederholt**, bis das Pferd reagiert. Danach sollte sofort wieder zu leichteren Hilfen übergegangen werden. **Dauerdruck oder -zug** bei der Einwirkung auf das Pferd oder heftiges rhythmisches Klopfen mit den Unterschenkeln führt nicht zum gewünschten Erfolg, sondern höchstens zur **Abstumpfung**.

Kontrolle über das Tempo

Beim **Anreiten** in den Schritt und beim **Antraben** wirken vorwärts treibende Gewichts- und Schenkelhilfen (beide Seiten gleichzeitig) zusammen. Die Zügel müssen immer den nötigen Bewegungsspielraum nach vorn zulassen!

Beim Galoppieren auf geraden Strecken im Gelände ist es wichtig, den Galopp regelmäßig zu **wechseln**, um das Pferd nicht einseitig zu belasten. Zum **Angaloppieren** wird zunächst der innere Gesäßknochen (z.B. der linke für den Linksgalopp) vermehrt belastet. Der innere Schenkel liegt in der Ausgangsposition am Gurt, der äußere wird verwahrend zurückgenommen. Durch leichtes Annehmen des inneren Zügels wird das Pferd im Genick leicht seitlich nach innen gestellt. Eine deutliche vorwärts treibende innere Schenkelhilfe fordert den ersten Galoppsprung; die äußeren Hilfen wirken verwahrend. Jedem sich entfaltenden Galoppsprung muss am **inneren Zügel** genügend Raum nach vorne (durch **nachgebende Zügelhilfen**) gegeben werden. Besonders wichtig ist das **Zusammenwirken** zwischen vorwärts treibenden Gewichts- und Schenkelhilfen und annehmenden oder nachgebenden Zügelhilfen.

Im Gelände entfalten Pferde von sich aus oft mehr Vorwärtsdrang als in der Reitbahn. Aber auch wenn eine Reduzierung des **Tempos** oder der Wechsel in eine niedrigere **Gangart** angestrebt wird, muss der Reiter zunächst mit vorwärts treibenden Hilfen dafür sorgen, dass das Pferd mit den Hinterbeinen unter den eigenen Körper tritt und vermehrt Körpergewicht aufnimmt. Erst wenn das Pferd bereit ist, mit den Hinterbeinen mehr Last aufzunehmen, kann der Reiter mit annehmenden (im Wechsel mit nachgebenden) Zügelhilfen das Pferd **parieren**, das heißt in ein niedrigeres Tempo oder eine niedrigere Gangart wechseln. Nur so sind flüssige, harmonische **Übergänge** im Tempo und zwischen den Gangarten möglich.

Im leichten Sitz sind die **Gewichtshilfen** besonders wichtig. Auch wenn der Reiter den Pferderücken entlastet, kann er durch Zusammenwirken aller Hilfen ein Pferd sicher unter Kontrolle halten. Die **Gewichtsverlagerung** des Oberkörpers signalisiert dem Pferd entweder: „Tempo verstärken" (Oberkörper vor, Verlagerung des Schwerpunktes nach vorn) oder „Tempo reduzieren" (Oberkörper zurück, Verlagerung des Schwerpunktes nach hinten). Beim Durchparieren im leichten Sitz ist es dagegen nicht nötig (und auch nicht hilfreich), übertrieben schwer einzusitzen und den Oberkörper hinter die Senkrechte zurückzunehmen.

Auch im leichten Sitz lässt sich ein gut ausgebildetes Pferd sicher durch die Reithilfen kontrollieren.

Kontrolle über den Rhythmus

In jeder Gangart bewegen sich die Pferdebeine in einer charakteristischen Reihenfolge (**Fußfolge**) vorwärts. Dadurch entsteht ein gleichbleibender **Takt**, der etwa bei der Annäherung eines Pferdes auf Asphalt schon allein beim Hören die jeweilige Gangart verrät. Im Schritt ist dies ein **Viertakt**, im Trab ein **Zweitakt** und im Galopp ein **Dreitakt**. Durch einen gleich bleibenden Takt im passenden Tempo entsteht ein kontinuierlicher **Rhythmus** der Pferdebewegung, in dem das Pferd und Reiter sich wohlfühlen (und ihre Muskulatur „loslassen") können. Geht ein Pferd nicht einem gleich bleibenden Takt, sondern verändert beständig **Tempo** und **Schrittlänge** (Raumgriff), können Reiter und Pferd nicht gemeinsam zu einer für das Wohlbefinden entscheidenden **Losgelassenheit** finden. Ein **sicherer Takt** der Pferdebewegung ist daher beim Reiten besonders wichtig – nicht nur in der Grundausbildung eines Pferdes, sondern in jeder Reitstunde und auf jedem Ausritt.

Kontrolle über den Weg

Pferde können ihre Wirbelsäule (etwa dort, wo der Reiter sitzt) leicht seitlich biegen; ihr Hals ist sogar außerordentlich beweglich. So können sie sich mit ihrem Körper Wendungen auf gebogenen Linien anpassen (**Längsbiegung**). Bei jedem Reiten auf einer gebogenen Linie bzw. in einer Wendung müssen jeweils **innere Hilfen** und **äußere Hilfen** des Reiters genau zusammenarbeiten. Während die inneren Hilfen die Wendung einleiten (einseitig belastende Gewichtshilfe, vorwärts treibende Schenkelhilfen, annehmende und wieder nachgebende Zügelhilfen), begrenzen die äußeren Hilfen (verwahrende Zügel- und Schenkelhilfen) die Außenseite des Pferdes.

Safety first
Auf einer gebogenen Linie hat der Reiter durch das Zusammenwirken innerer und äußerer Hilfen mehr Kontrolle über sein Pferd. Reite daher möglichst enger werdende Wendungen, wenn ein Pferd sich deiner Kontrolle zu entziehen versucht.

Keinen Erfolg dagegen kann der Versuch haben, die Kontrolle des Pferdes durch **starkes seitliches Abstellen des Halses** in die gewünschte Richtung zu erreichen. Wenn der Pferdekopf übertrieben zu einer Seite weggezogen wird, kommt das Pferd aus dem Gleichgewicht. Um seine Balance zu wahren, bricht es über die gegenüberliegende Schulter aus.

Rückwärtsrichten, Wenden auf der Stelle

Jeder Geländereiter kann in eine Situation kommen, in der er sein Pferd einige Tritte **rückwärts richten** muss, zum Beispiel bei einem unvorhergesehenen Hindernis auf dem Weg oder um Abstand von bedrohlichen Fahrzeugen zu nehmen. Grundsätzlich beherrschen alle Pferde von Natur aus das Rückwärtsgehen – wobei sich jeweils ein diagonales Beinpaar rückwärts bewegt – aber unter dem Reitergewicht fällt es ihnen anfangs schwer. Das Rückwärtsrichten sollte daher behutsam in der **Reitbahn** geübt werden.

Die Hilfen zum Rückwärtsrichten des Pferdes gleichen denen zum Anreiten, denn das Pferd muss zunächst seine Hinterbeine vom Boden abheben. Allerdings werden nur **vorwärts treibende Schenkelhilfen** gegeben; die Unterschenkel werden dabei **leicht zurückgenommen**, um die Hinterhand des Pferdes seitlich einzurahmen. Eine geringe **Entlastung des Pferderückens** erleichtert die Aufgabe des Pferdes – so entsteht kein Impuls nach vorn durch die Gewichtshilfen. **Annehmende Zügelhilfen** machen dem Pferd deutlich, dass es rückwärts treten soll. Ist die Rückwärtsbewegung eingeleitet, muss der Reiter sofort wieder dosiert **nachgeben**.

Auch das **Wenden auf der Stelle** gehört zu den Übungen, die ein Geländereiter beherrschen muss, um für möglicherweise auftretende schwierige Situationen (Umdrehen auf einem engen Weg) gerüstet zu sein. Auch das Wenden auf engem Raum muss in der **Reitbahn** geübt werden, damit das Pferd im Bedarfsfall die Reiterhilfen verstehen kann. Zur Vorbereitung dieser Übung kann man zunächst immer kleiner werdende Kehrtvolten reiten. Um die Reiterhilfen zu befolgen, wird das Pferd versuchen, mehr und mehr auf der Stelle zu wenden. Für die Ausführung ist entscheidend, dass das Pferd stets in der Vorwärtsbewegung bleibt und nicht rückwärts tritt.

Ausbildung eines Pferdes im Gelände und im Straßenverkehr

Jedes Reitpferd braucht eine **systematische Grundausbildung**, zu der auch das Reiten im Gelände gehört. Während dieser Grundausbildung lernt ein Pferd, sich in allen Gangarten ausbalanciert unter dem

Das Galoppieren in der Gruppe lässt sich auf einem Springplatz üben.

Reiter zu bewegen und Schritt für Schritt die Sprache der Hilfengebung zu verstehen und zu befolgen. **Ziel der Ausbildung** ist es, dass sich das Pferd rhythmisch und losgelassen bewegt und in Gangart, Tempo und Bewegungsrichtung konfliktfrei mit **leichten Hilfen** vom Reiter **kontrollieren** lässt. Zu diesem Zweck ist eine **dressurmäßige Gymnastizierung** jedes Pferdes – auch eines künftigen Geländepferdes – unverzichtbar. Verantwortung für die Grundausbildung eines Pferdes kann nur ein **erfahrener Reiter** übernehmen, der die Hilfengebung sicher beherrscht und fundierte Kenntnisse über die Systematik der Ausbildung hat.

> **!** *Safety first*
> Reite ein fremdes Pferd im Gelände nur dann, wenn es sicher ausgebildet und an alle möglichen Anforderungen gewöhnt ist.

Zusätzlich muss jedes Pferd für seinen **speziellen Verwendungszweck** trainiert werden. Das heißt für Geländepferde etwa, dass sie mit dem Einfügen in eine größere Pferdegruppe, mit Straßenverkehr, Tieren auf der Weide, Geländeschwierigkeiten und speziellen Anforderungen vor Ort vertraut gemacht werden müssen. Dazu können zum Beispiel das Passieren von Industrieanlagen (Klärwerk, Kiesgrube etc.), das Durchreiten von Wasserstellen oder eine Bahntrasse in Sicht- und Hörweite gehören. Da bei der **Gewöhnung eines Pferdes** an spezielle Herausforderungen im Gelände mit anfänglichen **Schreck- und Angstreaktionen** gerechnet werden muss, sollte auch diese Aufgabe nur ein erfahrener, sicherer Reiter übernehmen.

Die Ausbildung eines Pferdes ist nie völlig abgeschlossen. Auch ein älteres, erfahrenes Pferd braucht **regelmäßiges fachgerechtes Training**, um fit zu bleiben für die gestellten Aufgaben und den Gehorsam auf die Reiterhilfen zu behalten.

Wenn das gegenseitige Vertrauen stimmt, macht Springen Spaß!

Fit fürs Gelände – Zusammenpassen von Pferd und Reiter

Pferde sind – genau wie Menschen – ausgeprägte **Individualisten**. Sie unterscheiden sich nicht nur im Aussehen, sondern auch in ihren Bewegungen, in Charakter, Temperament und persönlichen Eigenheiten, die durch ihre jeweiligen Vorerfahrungen geprägt sind. Trainingsstand und Tagesform beeinflussen Pferde und ihre Reiter in erheblichem Maß. Hundertprozentige Sicherheit kann es daher nicht geben!

Sicherheit beim Ausritt hängt in entscheidendem Maß davon ab, dass Pferd und Reiter **zusammenpassen**. Dazu gehören zunächst einmal **äußere Faktoren** (Größe von Pferd und Reiter, Gangarten des Pferdes, entsprechende Erfahrungen des Reiters), aber auch der jeweilige **Ausbildungsstand** und Entsprechungen in **Charakter** und **Temperament**. Entscheidend für die Sicherheit im Gelände sind Reitergefühl, Erfahrung und die Kenntnis der **Eigenarten** des Pferdes.

Safety first
Überprüfe im Zweifelsfall deine sichere Einwirkung auf ein Pferd in der Reitbahn, bevor du ausreitest.

Andere Reitweisen

Die Teilnahme an der Prüfung zum Deutschen Reitpass steht Bewerbern aus **unterschiedlichen Reitweisen** offen. Entscheidend ist, dass sie die theoretischen und praktischen Anforderungen der Prüfung erfüllen. Die jeweilige **Ausrüstung** von Pferd und Reiter soll dabei dem Standard der gewählten Reitweise entsprechen; in **Zweifelsfällen** entscheiden der Lehrgangsleiter bzw. die Prüfer.

Im Folgenden werden die **FN-Anschlussverbände** mit ihren Besonderheiten der Ausrüstung, Hilfen und Rassen im Überblick dargestellt:

Westernreiten
Das Westernreiten ist in Deutschland eine relativ junge Sportart. Ursprünglich aus Amerika, war das Westernreiten eine **Gebrauchsreiterei** der Vaqueros oder Cowboys. Das Pferd war ein wichtiges Mittel, um die riesigen Rinderherden zu bewachen und über weite Strecken zu treiben und einzelne Tiere auszusondern.

Die typischsten **Westernpferde** sind die bekannten Pferderassen wie das Quarter Horse, Paint Horse, Appaloosa Horse und der Araber. Die Größe sollte mit 1,45 bis 1,55 m nicht zu groß sein. Aber auch mit anderen Pferderassen ist das Westernreiten natürlich möglich.

Es gibt **keine festgeschriebenen Regeln**, wie der korrekte Reitersitz aussieht oder welche Hilfen benötigt werden, wichtig ist aber auch hier der ausbalancierte Sitz in allen Gangarten. Im Westernreiten kennt man ebenfalls Gewichts-, Schenkel-, Zügel- und Stimmhilfen. Als grobe Beschreibung des Westernreitstils könnte man anführen, dass das Pferd dem **Druck weicht, einhändig** geritten wird (eine gute Ausbildung vorausgesetzt), auf **Signale** reagiert und diese so lange ausführt, bis der Reiter das nächste Signal gibt.

Der **Westernsattel** hat eine deutlich größere Auflagefläche als z.B. ein Vielseitigkeitssattel und unterscheidet sich auch in vielen anderen Details. Die folgende Zeichnung zeigt einen Westernsattel mit seinen englischen Bezeichnungen.

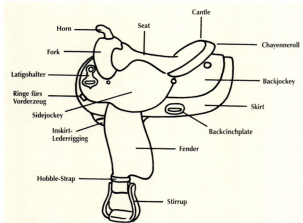

Westernsattel

Bei der **Zäumung** gibt es gebisslose Zäumungen wie z.B. Bosal, Side-Pull und **Hackamore**, die Wassertrense, genannt Snaffel-Bit, und die Bits (Kandaren). Für die Ausbildung werden gebisslose Zäumungen oder das Snaffel-Bit mit der beidhändigen Zügelführung verwendet. Dabei wird zwischen den Händen eine so genannte „Zügelbrücke" gebildet, d.h. beide Zügel müssen durch beide Hände laufen. Erst nach der Grundausbildung wird auf die einhändige Kandarenzäumung übergegangen.

Der **Reiter** trägt traditionell einen Westernhut, Chaps und Westernstiefel.
Informationen erhalten Sie bei der **Ersten Westernreiter Union Deutschland e.V.** (EWU),
Internet: www.westernreiter.com.

Unterwegs im Gelände:
Westernreiter

Reiten von Islandpferden

Jahrhunderte lang waren **Islandpferde** das einzige Transportmittel auf der unwirtlichen Insel im Nordatlantik und trugen Menschen und Waren durch unwegsames Gelände und gefährliche Ströme.

Die **Islandpferde** haben ein Stockmaß zwischen 1,30 m und über 1,45 m und sind dank ihres starken Fundaments und Körperbaus für Kinder und Erwachsene gleichermaßen geeignet. Leistungsbereitschaft und Zuverlässigkeit, freundlicher Charakter und ein ausgeglichenes Temperament zeichnen den Isländer ebenso aus wie seine weichen Bewegungen in allen Gängen. Neben Schritt, Trab, Galopp und Tölt – der mit seinem Viertakt sehr bequem zu sitzen ist – besitzen einige Pferde auch eine Veranlagung zum Rennpass. Als spätreife Rasse sollte das Islandpferd für mehrtägige Ritte erst ab sechs Jahren eingesetzt werden.

Als Sättel werden vorwiegend **Trachtensättel** verwendet, da durch die größere Auflagefläche das Reitergewicht besser verteilt wird – ideal für Wanderritte. Weiter ist auf eine gute Passform des Sattels zu achten und auf die Möglichkeit, bei Bedarf einen Schweifriemen befestigen zu können.

Für die **Zäumung** eines Islandpferdes, vor allem auf ausgedehnteren, anstrengenden Ritten gilt: so wenig Leder am Kopf wie möglich. Gebräuchlich und für einen Ausritt durchaus geeignet sind sowohl das hannoversche wie auch das englische Reithalfter. Verbreitet sind zunehmend doppelt gebrochene Wassertrensen, die ebenso wie gebisslose Zäumungen bei gut ausgebildeten Pferden durchaus auch im Gelände geeignet sind.

Als Kleidung beliebt ist in der kühlen Zeit traditionellerweise ein echter Islandpullover, doch vor allem ist ein guter Regenschutz, z.B. Wachsmantel oder Regenjacke, wichtig, sind doch die Islandpferdereiter ebenso wie ihre Pferde bei fast jedem Wetter im Freien unterwegs. Ein sicherer Reithelm ist für das Reiten im Gelände die wichtigste Ausrüstung für den Reiter, bei Veranstaltungen des IPZV ist das Tragen eines **Reithelmes** mittlerweile Pflicht.

Unterwegs im Gelände: Islandpferdereiter

Der Island Pferde, Reiter- und Züchterverband e.V. (IPZV) steht für Fragen auch im Internet unter www.ipzv.de zur Verfügung.

Besonderes Kennzeichen der Islandpferde ist die Veranlagung zum Tölt.

Distanzreiten

Distanzreiten ist ein Ausdauersport, bei dem Strecken von 25 bis 160 Kilometer (im Hochleistungsbereich) an einem bzw. 2 x 100 km an zwei Tagen in der schnellstmöglichen Zeit geritten werden. Jedes gesunde Pferd kann an einem Distanzritt teilnehmen.

Der klassische Distanzritt geht über 100 Meilen (160 km). Der weitaus größere Teil der Wettbewerbe wird aber über kürzere Distanzen ausgeschrieben, z.B. die „Einführungsritte und -fahrten". Als solche gelten Ritte/Fahrten in einer Länge von 25 bis 39 km. Ihnen schließen sich die „Kurzen, Mittleren und Langen Distanzritte" an.

Neben den Ritten, bei denen der schnellste Reiter gewinnt, gibt es noch Wettbewerbe mit Zeitvorgaben, z.B. „T 6" (= in 6 Minuten ist dann 1 km zu bewältigen).

Viele Distanzreiter absolvieren ihren Ritt im Trab in einer Art „Schwebesitz", der einen sehr ausbalancierten Sitz erfordert.
Es finden ständige Kontrollen der Pferdegesundheit durch Tierärzte statt: vor, während und nach dem Ritt. In diesen Verfassungskontrollen muss der Puls innerhalb von 20 Minuten bei 64 oder niedriger liegen, ansonsten scheidet das Pferd aus. Ebenfalls Ausschlussgründe sind Lahmheiten, Wunden oder Druckstellen.

Diese Disziplin setzt einen gezielten und langfristigen Konditionsaufbau beim Pferd und einen sehr guten Allgemeinzustand voraus. Auch der Reiter kann sich mit guter Laufkondition einbringen und z.B. in schwierigem Gelände das Pferd führen.

Unterwegs im Gelände: Distanzreiter

Distanzreiten und -fahren wird in Deutschland durch den **Verein Deutscher Distanzreiter und -fahrer** (VDD) organisiert. Dieser Verein hat ein spezielles Reglement, das Bestandteil der Leistungs-Prüfungs-Ordnung (LPO) ist.
Informationen direkt beim VDD, Internet: www.vdd-aktuell.de.

Reiten mit Gangpferden
Die Internationale Gangpferdevereinigung ist ein **Zusammenschluss** von Vereinigungen und Rassevertretern, Züchtern und Pferdefreunden.

In Deutschland gibt es zur Zeit 11 verschiedene Gangpferderassen und verschiedene Gangpferdekreuzungen: Aegidienberger, Töltende Traber, Isländer, American Saddlebredhorse, American Spotted Saddle Horse, Tennesse Walker, Missouri Foxtrotter, Paso Peruano, Paso Fino, Mangalarga Marchador, Arravanis, Töltiberer.

Das Besondere an den Gangpferden sind ihre individuellen Gangarten wie Tölt (Gangart im Viertakt, die den Reiter nahezu erschütterungsfrei bei unterschiedlichem Tempo trägt) und ggf. Pass (nicht bei allen Rassen erwünscht).

5

Unterwegs im Gelände: Gangpferdereiter

Vertreten ist eine große Vielfalt der Rassen (Aussehen, Veranlagung), des Temperaments, der Reitweisen (Stile), Größe und Eignung. Eine spezielle Ausrüstung im Freizeitbereich gibt es nicht.

Nähere Informationen bei der **Internationalen Gangpferdevereinigung e.V.** (IGV), Internet: www.igv-online.de.

Barockpferdereiten

Der Name entwickelte sich aus der Blütezeit der **klassischen Reitweise** – dem Barock (17. bis 18. Jahrhundert). Es werden keine spektakulären Verstärkungen gefordert, sondern eine hohe Versammlung und erhabene Aktionen, wie z.B. der spanische Tritt. Für diese Reitweise besonders geeignete Pferde sind z. B. Lippizaner, Andalusier, Lusitanos, Berber, Kladruber, Knabstrupper oder Friesen. Die Zahl der Barockpferdereiter – meist anspruchsvolle Freizeitreiter – in Deutschland steigt stetig an, so dass auch spezielle Barockpferdeturniere ausgerichtet werden. Im Vordergrund stehen mitunter das Quadrillenreiten und Pas de Deux. Aufgrund der stilechten Kostümierungen der Reiter und Ausrüstung der Pferde, sind die Barokkpferdereiter auch in vielen Schauprogrammen anzutreffen.

Nähere Informationen bei dem Bundesverband für klassisch-barocke Reiterei Deutschland e.V., Internet: www.bfkbr.de.

☞ *Danach kann gefragt werden:*

1. Was verstehst du unter dem Begriff „ausbalancierter Sitz"?

2. Welche beiden extrem gegensätzlichen Sitzpositionen kann der Reiter im Sattel einnehmen? Gibt es eine Sitzposition, die immer richtig ist?

3. Im Gelände soll zur Entlastung des Pferdes häufig genug im Trab (Zweitakt) der Fuß gewechselt werden, wie machst du das?
   - ❏ raten
   - ❏ das ergibt sich doch sowieso von selbst
   - ❏ ab und zu mal einen Fußwechsel einlegen
   - ❏ bei jedem Antraben kontrollieren, auf welchem Fuß ich leichttrabe und regelmäßig bewusst den Fuß wechseln

4. Welche Reiterhilfen kennst du?

5. Zur Unterstützung der Reiterhilfen kann der Reiter Hilfsmittel einsetzen. Benenne sie.

6. Beschreibe, wie die Gewichtshilfen in einer Wendung eingesetzt werden und welche Fehler du vermeiden musst. Probiere es selbst in der Praxis noch einmal bewusst aus.

7. Wie treibst du dein Pferd vorwärts?
   - ❏ mit den Absätzen
   - ❏ mit der Gerte
   - ❏ mit der Stimme (Zungenschnalzen)
   - ❏ ich schiebe im Takt der Pferdebewegung den Oberkörper von hinten nach vorn
   - ❏ ist bei einem guten Geländepferd nicht nötig, das geht sowieso von allein vorwärts
   - ❏ ich treibe mit der Wade
   - ❏ mit den Sporen
   - ❏ mit aufrechtem Oberkörper bzw. Gewichtsverlagerung im leichten Sitz

8. Wie funktioniert eine Schenkelhilfe?
   - ❏ ich drücke mit dem Bein gegen den Pferdebauch
   - ❏ ich lasse mein Fußgelenk locker und federe in den tiefen Absatz; so wird der Wadenmuskel angespannt und gibt einen Impuls auf den Pferdekörper
   - ❏ ich hebe Knie und Ferse leicht an, damit der Sporen ans Pferd kommt
   - ❏ ich klopfe rhythmisch mit den Unterschenkeln

9. Beschreibe kurz die Lage des verwahrenden Schenkels und seine Aufgabe!

10. Bei welchen Gelegenheiten ist es besonders hilfreich, wenn das Pferd gut auf die Schenkelhilfen reagiert (dem Schenkel weicht)?

11. Welche Begriffe beschreiben eine sichere Zügelführung und korrekte Zügelhilfen?
    - ❏ beständig
    - ❏ lose
    - ❏ nachgebend
    - ❏ verwahrend
    - ❏ zwischendurch durchhängend
    - ❏ seitwärts führend
    - ❏ leicht
    - ❏ starr
    - ❏ vom Sitz unabhängig
    - ❏ seitwärts weisend
    - ❏ ziehend
    - ❏ annehmend
    - ❏ durchhaltend
    - ❏ weich
    - ❏ grob

12. Beschreibe die Zügelhilfen in der Wendung!

13. Ergänze: Nur das aufeinander abgestimmte _____ der Gewichts, Schenkel- und Zügelhilfen ermöglichen eine sichere _____ auf das Pferd!

14. Beschreibe die Hilfen beim Antraben!

15. Der Galopp soll genau wie der Fuß beim Leichttraben regelmäßig gewechselt werden, um eine zu einseitige Belastung zu vermeiden. Dazu ist es wichtig zu wissen, welche Hilfen eingesetzt werden müssen, damit das Pferd korrekt im Linksgalopp angaloppiert. Erläutere die Hilfen!

16. Wie signalisierst du dem Pferd durch Gewichtsverlagerung im leichten Sitz „Tempo reduzieren"?

17. Jede Gangart hat einen unverwechselbaren Takt. Welchen Takt hat der Schritt, Trab und der Galopp?

18. Der Pferdekörper kann sich in seiner ganzen Länge gebogenen Linien anpassen. Das nennt man _____

19. Wozu braucht man möglicherweise das Rückwärtsrichten beim Ausreiten?

20. Erläutere die Hilfen für das Rückwärtsrichten in ihrer zeitlichen Reihenfolge!

21. Wie soll sich ein gut ausgebildetes Geländepferd unter dem Sattel bewegen und verhalten?
    - ❏ festgehalten
    - ❏ kontrollierbar
    - ❏ losgelassen
    - ❏ temperamentvoll
    - ❏ rhythmisch
    - ❏ unkontrolliert
    - ❏ ausbalanciert
    - ❏ scheufrei

22. Welche Faktoren, die das Zusammenpassen von Pferd und Reiter beschreiben, erhöhen die Sicherheit beim Ausritt?

Gesetzliche Regelungen für den Ausritt

Beim Ausreiten sind vom Reiter eine Vielzahl von **gesetzlichen Regelungen** zu beachten. Angefangen bei der **Straßenverkehrsordnung** (z.B. §§ 1, 2, 17, 27, 28 und 41 StVO), über das **Bundesnaturschutzgesetz** (BNatSchG) und das **Bundeswaldgesetz** (BWaldG) bis hin zu den unterschiedlichen **Regelungen auf Landesebene**: z.B. Forstgesetze, Naturschutzgesetze, Landeswaldgesetze etc. sowie spezielle Verordnungen. Wer ausreiten will, muss sich in jedem Fall vorab **informieren**, welche Regelungen für Reiter in seinem Reitgebiet greifen. **Genaue Kenntnisse** sind unerlässlich, um die immer knapper werdende Erholungslandschaft allen interessierten Personengruppen offen zu halten. Dabei sollten Interessenkollisionen mit anderen Erholungssuchenden möglichst vermieden werden. Hier ist das **Verantwortungsbewusstsein** eines jeden Reiters gefordert, damit das Reiten im Gelände nicht noch stärker reglementiert wird.

Die Beachtung der **12 Gebote für das Reiten im Gelände** (siehe Kapitel 1) ist eine wichtige Voraussetzung dafür.

Reiter als Verkehrsteilnehmer

> *Safety first*
> Reite auf der Straße immer defensiv und rechne damit, dass andere Verkehrsteilnehmer aus Unwissenheit keine Rücksicht auf Pferde nehmen.

Wer ein Pferd auf Straßen oder Wegen, auf denen öffentlicher Verkehr zugelassen ist, reitet oder führt, muss sich wie jeder andere **Verkehrsteilnehmer** auch nach dem **Straßenverkehrsordnung** richten. Auch für Reiter oder Führer mit ihren Pferden gilt der Paragraph 1 der **Straßenverkehrsordnung**. Darin ist unter anderem festgelegt, dass kein Verkehrsteilnehmer einen anderen schädigen, gefährden, behindern oder belästigen darf. Diese Forderung

Rechts am rechten Fahrbahnrand – so reiten Reiter richtig hintereinander auf der Straße (bis zu 6 Reiter).

Deutscher Reitpass

gilt nicht nur **für Reiter**, die am Verkehr teilnehmen, sondern auch **gegenüber Pferden**. Aber kein Reiter oder Pferdeführer darf sich auf rücksichtsvolles Verhalten gegenüber vierbeinigen Verkehrsteilnehmern verlassen. Die meisten **Gefährdungen** für Pferde und Reiter geschehen zudem aus **Unwissenheit**; die Kenntnis der natürlichen Verhaltensweisen von Pferden kann keinesfalls als Allgemeinwissen vorausgesetzt werden. Kaum ein Lastwagenfahrer ist sich bewusst, was er einem empfindlichen Fluchttier zumutet, wenn er beispielsweise direkt neben ihm mit quietschenden Bremsen das Tempo reduziert.

Verantwortung für ein Pferd

Wer die **Verantwortung** für ein Pferd im Verkehr übernimmt, muss **dafür geeignet sein** – von seinen Körperkräften, seinem fachlichen Wissen, seiner Erfahrung und seiner Tagesform her. Für die Teilnahme an der Reitpass-Prüfung gibt es zwar **keine Altersbeschränkung**, aber die Forderung nach der Übernahme von Verantwortung für ein **Pferd im Verkehr** gibt im Zweifelsfall den Ausschlag, ob ein **Bewerber** zur Prüfung **zugelassen** wird.

Zum **Sicherheitsstandard** gehört auch die Verwendung einer geeigneten **Ausrüstung**. Führen mit Strick und Halfter ist beispielsweise im Verkehr ein Sicherheitsrisiko. Ebenso ist es nicht erlaubt, Pferde vom Fahrrad oder gar vom Auto aus zu führen.

Safety first

Für die sichere Kontrolle über ein Pferd ist nicht nur das generelle Know-how, sondern auch die eigene Tagesform nötig. Wer krank, übermüdet oder in anderer Form beeinträchtigt ist, sollte die Verantwortung für sich und sein Pferd im Verkehr nicht übernehmen.

Pferde im Straßenverkehr

Aus pferdefachlicher Sicht gibt es nicht nur den Blick auf die mögliche **Eignung des Reiters** für die Teilnahme am Verkehr, sondern auch auf die **Eignung des Pferdes**. Ein Ritt auf einer Verkehrsstraße, der auf einem erfahrenen, gelassenen, verkehrssicheren Pferd von einem Jugendlichen sicher gemeistert werden kann, stellt möglicherweise auf einem unerfahrenen, aufgeregten und nicht verkehrsgewohnten Pferd ein **Sicherheitsrisiko** dar – auch für einen erfahrenen Reiter.

Der moderne **Verkehr** bietet für das Fluchttier Pferd mit seiner sensiblen Sinneswahrnehmung viele **ungewohnte Reize**. Das Pferd muss daher vorab an bestimmte zu erwartende Herausforderungen wie z.B. fahrende Autos, Hupen, Traktorengeräusche oder Lastwagen **gewöhnt** werden. Je besser und weiter es **ausgebildet ist**, je vertrauensvoller und gehorsamer es die **Hilfen** des Reiters **durchlässt**, desto sicherer wird sich das Pferd im Konfliktfall an seinem Reiter orientieren.

> *Safety first*
> **Wer ein fremdes Pferd im Gelände reitet, sollte sich aus Sicherheitsgründen vergewissern, dass es verkehrssicher ist.**

Verkehrsregeln für Reiter

Reiter werden von der Straßenverkehrsordnung grundsätzlich wie **Fahrzeuge** eingestuft. Das heißt, sie benutzen den **äußerst rechten Fahrbahnrand der rechten Straßenseite**. Ist der rechte Fahrbahnrand durch eine durchgehende **weiße Linie** abgeteilt und ist rechts davon noch ausreichend Platz, müssen Pferde dort geritten oder geführt werden. Damit sind Reiter den so genannten **langsamen Fahrzeugen** gleichgestellt. Bürgersteige, Fuß- und Fahrradwege dürfen von Pferden und ihren Reitern oder Führern **nicht benutzt** werden (in Notfällen kann ein Ausweichen toleriert werden, wenn dadurch eine akute Gefährdung vermieden werden kann).

Allgemeine **Verkehrsschilder** müssen auch von Reitern beachtet werden. Das **Gebotsschild** kennzeichnet ausschließlich Reitern vorbehaltene Wege. Ist ein **Reitweg** entlang einer Straße durch dieses Schild ausgewiesen, dann dürfen Reiter die Straße nicht benutzen.

Gebotsschild

Das allgemeine Schild **Durchfahrverbot für Fahrzeuge aller Art** (rundes Schild, weiß mit rotem Rand) gilt allerdings **nicht** für Reiter oder Pferdeführer. Erst mit dem innen liegenden schwarzen Symbol eines Reiters gilt dies Verkehrszeichen als ausschließliches **Reitverbot**.

Verbotsschild

Vor jeder geplanten **Richtungsänderung** im Straßenverkehr müssen Reiter für andere Verkehrsteilnehmer deutlich sichtbare **Handzeichen** geben (seitlich ausgestreckter Arm). Beim Reiten im **geschlossenen Verband** (siehe Seite 78) müssen Handzeichen nur von **Anfangs- und Schlussreitern** gegeben werden.

Deutscher Reitpass

Überqueren von Straßen

Reiter sollten den **fließenden Verkehr** so wenig wie möglich **stören**. Daher muss eine Reitergruppe geschlossen und zügig gemeinsam eine **Straße überqueren**. Aus diesem Grund wird vor jeder kreuzenden Verkehrsstraße **angehalten** und dicht **aufgeschlossen**. Die Straße wird erst überquert, wenn die **Verkehrslage** es zulässt (nach beiden Seiten frei). Auf jeden Fall muss vermieden werden, dass ein **Fahrzeug** mitten in die Pferdegruppe gerät. Zueinander drängende Pferde könnten eine gefährliche Situation heraufbeschwören.

> **Safety first**
> Gewöhne dein Pferd daran, vor jeder Verkehrsstraße stehen zu bleiben – unabhängig davon, ob Fahrzeuge in Sicht sind. Diese Übung muss jedes am Straßenverkehr teilnehmende Pferd kennen und respektieren.

Reiten bei Dunkelheit

In der **Dämmerung**, bei **Dunkelheit** oder **Nebel** müssen Reiter auf öffentlichen Wegen und Straßen ausreichend **beleuchtet** sein. Ein **Einzelreiter** muss mit einem nach vorne und hinten gut sichtbaren, nicht blendenden **weißen** Licht ausgerüstet sein.

Mit Stiefelleuchte und reflektierender Ausrüstung sicher in der Dunkelheit.

Ein **geschlossener Verband** (siehe folgender Abschnitt) gilt als ein einziger Verkehrsteilnehmer; dementsprechend ist eine Beleuchtung nur für **Anfangs- und Schlussreiter** vorgeschrieben. Die seitliche Begrenzung muss mindestens nach vorn durch nicht blendende weiße Leuchten, nach hinten mit rotem oder gelbem Blinklicht kenntlich gemacht werden.

Im eigenen Interesse sollten Reiter aber dafür sorgen, dass sie schon von weitem gut zu sehen sind. Zusätzliche **Reflektoren** auf der Kleidung und der Ausrüstung des Pferdes (besonders empfehlenswert und leicht mitzuführen: reflektieren-

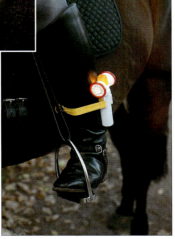

de Westen und Leuchtbänder oder Leuchtgamaschen) sind ein Zusatzfaktor für die **Sicherheit**. Ein einzelnes Licht, wie es etwa im Reitsporthandel als **Stiefelleuchte** angeboten wird, ist für einen Autofahrer erst sehr spät zu erkennen und **reicht nicht unbedingt aus**, um ein Pferd von beiden Seiten aus **deutlich sichtbar** zu machen.

Reiten im geschlossenen Verband

Mehrere Reiter (ab 6 Pferden) können einen **geschlossenen Verband** bilden, indem sie sich in Zweierreihen formieren. Der Verband darf nicht mehr als 25 m lang sein, dies entspricht **ungefähr 12 Reitern**. Ein Vorteil der Verbandsbildung liegt darin, dass ruhigere und erfahrene Pferde, die auf der linken Seite gehen, ängstlichere oder unerfahrene Vierbeiner gegen den **Verkehr abschirmen** können. Am Anfang und am **Ende** des Verbandes reiten jeweils **erfahrene Reiter**. Verantwortlich für die Reihenfolge und Beachtung der Verkehrsregeln könnte in diesem Fall z.B. ein **Berittführer** sein. (In der Ausbildungs- und Prüfungs-Ordnung (APO) gibt es aufbauend auf den DRP eine Berittführer-Ausbildung, die befähigt, eine Reitergruppe im Gelände unter Beachtung der gesetzlichen Bestimmungen, der Belange des Umweltschutzes, des Tierschutzes und der Unfallsicherheit zu führen.)

> **Safety first**
> In der Dunkelheit sind helle Pferde (Schimmel) am besten zu sehen. Lasse wenn möglich einen Schimmel am Ende einer Pferdegruppe oder eines geschlossenen Verbandes gehen.

Größere Reitergruppen formieren sich in **mehreren Verbänden**, um nicht ein unüberwindliches Verkehrshindernis darzustellen. Zwischen den einzelnen Verbänden muss genügend **Abstand** – mindestens 25 Meter – eingehalten werden, um anderen Verkehrsteilnehmern das Überholen und Einscheren zu ermöglichen.

Reiten in Feld und Wald

Das Reiten auf **nicht öffentlichen Wegen** in Wald und Feld wird im Bundeswaldgesetz und im Bundesnaturschutzgesetz durch ein sogenanntes **Rahmenrecht** geregelt. Diese Gesetze erlauben zwar das Reiten auf nicht öffentlichen Wegen generell, überlassen mögliche **Einschränkungen** aber der Gesetzgebung in den einzelnen **Bundesländern**. Aber auch Kreis- und Gemeindeverwaltungen können **spezielle Regelungen** für Reiter treffen. Die **Gesetze** der Länder werden

> **Safety first**
> Auch wenn es oft mühsam herauszufinden ist – informiere dich genau darüber, wo in deinem Umkreis geritten werden darf und wo nicht!

immer wieder **geändert** und **neue** oder **geänderte Verordnungen** veröffentlicht. Daher ist es für jeden Geländereiter unerlässlich, sich über die **Gesetzgebung in seinem Bundesland** und weitere **Bestimmungen** speziell in der Umgebung seines Heimatstalles genau zu **informieren**. Die **Landesverbände für den Pferdesport** informieren über die jeweils aktuelle Gesetzeslage für das Ausreiten; bei einigen Landesverbänden sind entsprechende **Merkblätter** erhältlich (Adressen im Anhang). Eine Kurzzusammenfassung dieser Informationen findet sich im Internet unter www.pferd-aktuell.de. Klicken Sie auf **FN-DOKR**, dort weiter auf **Themen / Umwelt und Pferdehaltung / Umwelt / gesetzliche Vorschriften für Ausritte und Ausfahrten**.

Einschränkungen für das Reiten

Einschränkungen, die sich aus dem sehr unterschiedlichen, das Reiten betreffende jeweilige Landesrecht ergeben, sind z.B.: Gekennzeichnete **Wanderwege** dürfen gar nicht oder nur ab einer festgelegten Breite beritten werden; **Sport- und Lehrpfade** sind generell tabu; in **Verdichtungsräumen** (Ballungsgebieten) ist Reiten nur eingeschränkt zulässig; Reiten ist im Wald **ausschließlich** auf **gekennzeichneten Reitwegen** erlaubt.

Kennzeichnung der Pferde

In einigen Bundesländern besteht die gesetzlich vorgeschriebene Pflicht, die Pferde im Gelände mit Nummern zu kennzeichnen, z.B. im dicht besiedelten Nordrhein-Westfalen. Andere Bundesländer schreiben eine solche Nummer und Registrierung nur in Ballungsgebieten (auch „Verdichtungsräume" oder „Entmischungsgebiete" genannt) vor. Darüber hinaus gibt es noch Pferdesport-Landesverbände, die zur Verhinderung weitergehender staatlicher Regelungen und um „schwarze Schafe" erkennen zu können, eine freiwillige Kennzeichnung eingeführt haben, z.B. Hessen und Baden-Württemberg. Reitpass-Inhaber sollen diese Bemühungen unter-

Kennzeichen für Pferde werden gut sichtbar an der Ausrüstung befestigt.

stützen und die Kennzeichen erwerben, um so zu dokumentieren, dass sie bereit sind, sich im Gelände angepasst zu verhalten! – Schließlich haben wir noch Bundesländer, in denen bislang keine Kennzeichnung vorgesehen ist.

Zur Zeit befindet sich eine Reihe von Gesetzen, in denen die Kennzeichnungspflicht geregelt wird, in der Novellierung.
Der aktuelle Stand der Gesetzgebung für ein bestimmtes Gebiet lässt sich im Internet unter www.pferd-aktuell.de finden (Pfad siehe Seite 79). Die FN aktualisiert diese Seiten kontinuierlich.

> *Safety first*
> **Verhalte dich selbst korrekt und sprich Reitkollegen an, wenn sie sich nicht an bestehende Gesetze und Regelungen halten!**

Die Kennzeichnungspflicht kann in manchen Regionen – etwa bei der Überschreitung von Kreisgrenzen – unterschiedlich geregelt sein. Im Zweifelsfall hilft ein Anruf beim zuständigen Landesverband weiter.

☞ Danach kann gefragt werden:

1. Nach welchen Gesetzen musst du dich richten, wenn du mit deinem Pferd auf öffentlichen Straßen und Wegen reitest?

2. Kreuze an, wie du dich im Straßenverkehr gegenüber anderen Verkehrsteilnehmern verhalten musst:
   - ❏ niemanden schädigen
   - ❏ von allen übrigen Verkehrsteilnehmern besondere Rücksicht erwarten
   - ❏ niemanden gefährden
   - ❏ niemanden grüßen
   - ❏ niemanden behindern
   - ❏ defensiv reiten
   - ❏ niemanden belästigen

3. Du willst die Verantwortung für ein Pferd im Straßenverkehr übernehmen. Was musst du dafür wissen, was musst du können?

4. Welche Anforderungen muss ein verkehrssicheres Pferd erfüllen?

5. Reiter gelten nach der Straßenverkehrsordnung als Fahrzeuge. Welche Seite der Fahrbahn müssen sie benutzen?
Dürfen Reiter Bürgersteige, Fahrradwege, Fußwege benutzen?
Müssen sich Reiter nach den Verkehrsschildern richten? Gibt es spezielle Verkehrsschilder für Reiter?
Wie zeigen Reiter im Verkehr an, dass sie ihre Richtung ändern (abbiegen) wollen?

6. Wenn du in einer Reitergruppe eine Straße überqueren willst, was ist wichtig zu beachten?

7. Es dämmert draußen und du musst auf deinem Ritt auf einer öffentlichen Straße entlangreiten. Wie rüstest du dich und dein Pferd aus Sicherheitsgründen am besten aus?

8. Zähle Merkmale eines „geschlossenen Verbandes" auf!

9. Besorge dir über deinen zuständigen Landesverband und die Kreis- und Gemeindeverwaltungen die geltenden Gesetze und Verordnungen. Versuche genau herauszufinden, wo du reiten darfst und wo nicht.
Informiere auch deine Reiterfreunde über das Ergebnis!

10. Nenne Gründe, warum du dein Pferd kennzeichnen solltest!

7 Sicher im Gelände

Planung und Einteilung eines Rittes

Beim Reiten in der Gruppe müssen korrekte Sicherheitsabstände eingehalten werden.

Wie jede Reitstunde sollte auch ein Ausritt unter fachlichen Gesichtspunkten **geplant** und eingeteilt werden. Dazu gehören die Zusammensetzung der Gruppe, eine passende Berittmachung, das heißt ein für den jeweiligen Reiter geeignetes Pferd, die Reihenfolge der Pferde sowie die Planung der ungefähren Wegstrecke und Dauer. Bereits bei der **Streckeneinteilung** sollten Aufwärmphase, Lösungsphase und die nötige Beruhigungsphase vor der Rückkehr bedacht werden.

Beim Ausreiten in der Gruppe sollten jeweils ein erfahrener **Anfangs-** und **Schlussreiter** bestimmt und deren Anweisungen Folge geleistet werden. Jeder Ausritt ist selbstverständlich dem Ausbildungsstand, der Kondition und dem Leistungsvermögen aller zwei- und vierbeinigen Teilnehmer anzupassen. Der schwächste Reiter und das schwierigste Pferd bestimmen Gangart und Tempo!

Reiten in einer größeren Gruppe

In einer größeren Gruppe ist es sinnvoll, eine **Reihenfolge** der Pferde genau festzulegen und dabei die individuellen Unterschiede im Temperament sowie die jeweiligen Vorlieben und Abneigungen zu respektieren. Das Reiten im **geschlossenen Verband**, also in Zweierreihen, ist nicht nur im Straßenverkehr sinnvoll, denn Pferde gehen – wenn die Wegbeschaffenheit es zulässt – besonders gern und gelassen zu zweit nebeneinander her.

Problematisch kann es werden, wenn Pferde am Ausritt teilnehmen, die nicht gewöhnt sind, in einer Gruppe mit mehreren Pferden zu gehen. Diese Pferde betrachten möglicherweise einen Platz hinter einem anderen Pferd als beständige Provokation für ihre Position in der **Rangordnung**. Daher sollte vor einem gemeinsamen Ausritt geklärt werden, ob jedes beteiligte Pferd daran gewöhnt ist, sich in eine Pferdegruppe einzufügen.

Wird einzeln hintereinander geritten, sollte sich die Gruppe nicht zu weit auseinander ziehen. Zum einen könnten hinten gehende Pferde dadurch zu Übereifer angespornt werden, zum anderen können nur so wichtige **Informationen** (über Tempo und Richtungswechsel oder plötzlich auftauchende Gefahrenstellen) sicher mündlich weitergegeben werden.

Wichtige **Kommandos**, die von allen Teilnehmern des Rittes auf Zuruf verstanden werden müssen, sind z.B. „Zu zweien!" oder „Hintereinander!" Aber auch der laut weitergegebene Hinweis auf mögliche Gefahrenquellen ist zur Vermeidung von Unfällen wichtig, z.B. „Baumstümpfe links!" oder „Leere Flasche in der Mitte!".

Wichtig ist das Einhalten eines **Sicherheitsabstandes**, damit niemand auf seinen Vorreiter „aufreitet" (Gefahr von Ballentritten bzw. Ausschlagen des Vorderpferdes). Anreiten, Antraben, Angaloppieren und Durchparieren muss vorher angekündigt werden, damit alle Reiter gemeinsam die Gangart ändern. Sinnvoll ist die Verwendung von vorher verabredeten **Handzeichen**.

1. Emporhalten des gestreckten Arms: Achtung!
2. Senken des erhobenen Arms bis in Schulterhöhe (vom Halten zum Schritt): Marsch
3. Mehrfaches Hochstoßen des Arms: Trab!
4. Mehrfaches Schwenken des Arms über dem Kopf mit nachfolgendem Senken des Arms in Marschrichtung: Galopp!
5. Senken des erhobenen Arms seitwärts bis zum Oberschenkel: Langsamer! (Jeweils nächstniedrigere Gangart bzw. Halt)

7

Im Überblick: Regeln für das Reiten in der Gruppe

- Anfangs- und Schlussreiter bestimmen
- Reihenfolge festlegen und nur nach Absprache ändern
- Handzeichen vereinbaren (siehe Abbildung Seite 83)
- Kommandos und Informationen des Anfangs- oder Schlussreiters laut zum nächsten Reiter weiterleiten
- Sicherheitsabstände nach vorn und zur Seite einhalten, notfalls versetzt reiten
- In höherem Tempo (insbesondere im Galopp) keinesfalls aufreiten, nicht überholen, nicht kreuzen!
- Sicherstellen, dass die Regeln allen Mitreitern bekannt sind

Die Wahl von Strecke, Gangart und Tempo

Für die Wahl von **Streckenlänge**, **Gangart** und **Tempo** bei einem Ausritt können naturgemäß keine starren Regeln aufgestellt werden, da zum Beispiel Wegbeschaffenheit und Wetter jederzeit Änderungen nötig machen können. Es ist wichtig, auf alle Anzeichen von **Ermüdung** bei Pferden und Reitern zu achten und darauf sofort Rücksicht zu nehmen. Ausritte von ein bis zwei Stunden Dauer – überwiegend im Schritt – können von jedem gesunden Pferd, das regelmäßig bewegt wird, problemlos absolviert werden.

Wie bei jedem Ritt in der Bahn wird auch am Anfang und am Ende jedes Ausrittes mindestens zehn Minuten lang im Schritt geritten. Vor dem Ritt müssen Gelenke, Sehnen und Bänder in Arbeitsbereitschaft versetzt werden, erst danach ist ein gründliches Aufwärmen und Dehnen (= Lösen) der Muskulatur möglich. Nach dem Ritt müssen erhitzte Pferde die Möglichkeit haben, abzukühlen und sich zu **beruhigen**. Vor allen vermehrten Anstrengungen für ein Pferd (Galoppieren in höherem Tempo, Klettern, Geländehindernisse) sollte eine **Lösungsphase** von mindestens 20 Minuten liegen. Hier bietet sich Leichttraben über eine längere Strecke (mit Fußwechsel des Reiters) an. Auf **längeren Ritten** sollen sich anstrengendere Phasen und Ruhe- bzw. Erholungsphasen abwechseln. Auch im **letzten Drittel** des Rittes muss wieder lösende Arbeit im Vordergrund stehen, bei der die Pferde zu äußerer und innerer Ruhe zurückfinden können. **Puls** und **Atmung** sollten sich bei der Ankunft normalisiert haben. Grundsätzlich sollten Pferde nach einem Ausritt wieder trocken im Stall ankommen.

Auf unebenem Boden wird Schritt geritten.

Für die Wahl von Strecke und Gangart muss auf die jeweilige **Beschaffenheit des Bodens** Rücksicht genommen werden. Auf hartem, unebenem, tiefem, unsicherem und unübersichtlichem Untergrund wird generell **Schritt** geritten. **Traben** und **Galoppieren** sollte man nur auf ebenem, federndem Untergrund, auf dem keine verborgenen Stolperfallen (Steine, tiefe Spurrillen) zu befürchten sind. Nehmen **unbeschlagene Pferde** am Ausritt teil, dann sollten zur Schonung der Hufe harte, steinige oder mit Split gestreute Strecken möglichst vermieden werden.

Safety first
Bei der Wahl von Wegstrecke, Gangart und Tempo muss immer Rücksicht auf den schwächsten Reiter und das schwierigste Pferd genommen werden.

Galoppieren im Gelände

Dem Galopp als der **Fluchtgangart** der Pferde kommt im Gelände eine besondere Bedeutung zu. Im Galopp neigen Pferde zu schnellen und heftigen **Instinktreaktionen**, die es dem Reiter erschweren, sicher auf sein Pferd einzuwirken. Die Konkurrenzsituation beim schnellen Galoppieren verleitet manche Pferde dazu, sich den Reiterhilfen zu entziehen. Als Richtschnur für das Galopptempo gilt: Jeder Reiter muss das Gefühl haben, sein Pferd unter **Kontrolle** zu halten, also im Notfall jederzeit **durchparieren** zu können.

Um den grundsätzlichen Gehorsam auf die Hilfen zu erhalten, ist es wichtig, dass alle Reiter ihre Pferde mit korrekter **Hilfengebung** angaloppieren und sie nicht von allein in die höhere Gangart wechseln lassen. Ein bewusster Wechsel von Rechts- und Linksgalopp schützt die Pferde dabei vor einseitiger Steifheit und möglicher Überbelastung.

7

Galoppiert werden sollte nur mit bereits im Schritt und Trab gelösten Pferden, die keine Zeichen starker Spannung zeigen. Aus Sicherheitsgründen ist es besonders wichtig, dass alle Reiter ihre Position in der Gruppe behalten. Wer im Galopp **überholt**, löst unter Umständen ein kaum kontrollierbares Wettrennen aus.

Die Formation der Gruppe sollte im Galopp immer sorgfältig an die Gegebenheiten des Geländes angepasst werden. Je nach Wegbreite und Beschaffenheit des Geländes kann einzeln oder zu zweit nebeneinander geritten werden. Ein **natürliches Ende** der Galoppstrecke, etwa ein Waldrand, erleichtert das **Einfangen** (Zurückführen im Tempo) und das Durchparieren. Beim Galoppieren treten besonders deutlich die **bremsende** Wirkung von leichten **Steigungen** und die **beschleunigende** Wirkung von Gefälle hervor – selbst wenn es nur ganz sanft bergauf oder bergab geht.

> **!** *Safety first*
> **Verzichte auf den Gruppengalopp, wenn Zweifel an der sicheren Kontrolle über die Pferde bestehen.**

Beim Galoppieren in der Gruppe gilt: nicht aufreiten, nicht überholen, nicht kreuzen!

Im Überblick: Galoppieren im Gelände

Die folgenden Manöver können dazu führen, dass Pferde im Galopp außer Kontrolle geraten:
- Angaloppieren der Anfangsreiter ohne Vorwarnung
- Blitzstarts
- Zu dichtes Aufreiten
- Unkontrolliertes Überholen
- Wettrennen
- Erste Galoppstrecke Richtung Heimatstall
- Unkontrolliertes Tempo
- Galoppieren bei Gefälle
- Galoppieren direkt neben einer Verkehrsstraße
- Angaloppieren auf unübersichtlichen und unbekannten Strecken (hier können unerwartete Probleme auftauchen)

Positionswechsel in der Gruppe

In der Prüfung zum Deutschen Reitpass müssen die Bewerber **Selbstständigkeit** im Sattel unter Beweis stellen. Daher gehört es zu den praktischen Aufgaben beim Prüfungsritt, an der Gruppe **vorbeizureiten** und vorübergehend einen Platz an der **Spitze** einzunehmen.

Im Idealfall kann jeder Reiter bei Bedarf sowohl einen Platz an der Spitze der Gruppe als auch in der Mitte oder am Schluss einnehmen. Das Einüben des **Positionswechsels** geschieht zunächst im **Schritt**. Beim Vorbeireiten muss unbedingt ein Sicherheitsabstand eingehalten werden! Klappt der Positionswechsel im Schritt, dann kann er auch behutsam im Trab eingeübt werden. Ausschlagende Pferde sollten immer am Ende einer Gruppe eingeteilt werden und mit einer **roten Schleife** gekennzeichnet werden. Ein Positionswechsel mit diesen Pferden sollte nur geübt werden, wenn dahinter folgende Pferde in einem genügend großen Sicherheitsabstand gehalten werden können.

Die rote Schleife im Schweif warnt: Dieses Pferd neigt dazu, hinten auszuschlagen.

Wegreiten von der Gruppe

Zu den Prüfungsanforderungen im Deutschen Reitpass gehört die Aufgabe, **einzeln** von der Pferdegruppe **wegzureiten**. Diese Übung soll sicherstellen, dass jeder Reiter sein Pferd tatsächlich unter **Kontrolle** hat und es nicht einfach nur in der Gruppe mitlaufen lässt. Außerdem kann jeder Reiter beispielsweise bei einem **Unfall** in die Situation kommen, dass er allein losreiten und Hilfe holen muss.

Um diese Gehorsamsprüfung für Pferde und Reiter nicht zu schwierig zu gestalten, ist es wichtig, dass stets der **einzelne Reiter** von der Gruppe **wegreitet** und nicht umgekehrt die Gruppe sich entfernt, während ein einzelner Reiter zurückbleibt. Diese Situation kann unter Umständen panische Instinktreaktionen seines Pferdes auslösen. Pferde versuchen immer, in einem geschlossenen Herdenverband zu bleiben, da auf einer Flucht in der freien Wildbahn zurückbleibende Pferde natürlichen Feinden ein bevorzugtes Ziel boten. Während ein einzelner Reiter sich entfernt, bleibt die restliche Pferdegruppe sicherheitshalber **stehen** oder bewegt sich höchstens im **Schritt**.

Das Wegreiten von der Gruppe muss behutsam geübt werden, da manche Pferde sehr stark an der Gruppe **kleben** und sich möglicherweise heftig zur Wehr setzen. Hier kann es helfen, wenn zunächst **zwei Reiter gemeinsam** diese Übung ausführen.

Einzelgalopp von Punkt zu Punkt

Zu den im Reitpass verlangten praktischen Übungen gehört ebenfalls der kontrollierte **Einzelgalopp** mit vorgegebenen Punkten zum Angaloppieren und Durchparieren. Diese Aufgabe setzt voraus, dass sich der Einzelreiter sicher von der Gruppe wegbewegen kann.
Um den **Herdentrieb** aller beteiligen Pferde nicht anzustacheln, sollte das **Angaloppieren in Richtung** von der Gruppe weg und mit genügend **Abstand** erfolgen. Mit dieser Übung soll der Reiter unter Beweis stellen, dass er sein Pferd beherrscht und es auf die Reiterhilfen reagiert, statt sich nur an den Artgenossen in der Gruppe zu orientieren. Daher ist ein **kontrolliertes Galopptempo** erwünscht, aus dem das Durchparieren sicher erfolgen kann. Der **Rückweg** zur wartenden Gruppe hin erfolgt im Schritt oder ruhigen Trab.

Vorbeireiten und Begegnen

Beim **Begegnen** mit anderen Reitern, Spaziergängern, Wanderern, Jägern und Sportlern, mit Bauern oder Waldarbeitern bei der Arbeit oder mit Tieren auf der Weide wird immer rechtzeitig **durchpariert**, konsequent **Schritt** geritten und ein genügend großer **Sicherheitsabstand** eingehalten. Manche Fußgänger, mitgeführte Hunde oder Weidetiere fühlen sich von näher kommenden Pferden regelrecht **bedroht**, selbst wenn keine reale Gefahr von ihnen ausgeht. In diesem Fall ist besondere **Rücksichtnahme** (Vergrößern des Abstandes, Stehenbleiben, notfalls Absteigen) nötig! Ein freundlicher **Gruß** hilft bei allen möglichen Begegnungen, vielleicht vorhandene Vorbehalte gegenüber Pferden und Reitern abzubauen.

Freundliches Begegnen sichert Reitern und Fußgängern Sympathie.

Besondere Vorsicht ist beim Vorbeireiten an **Pferde- und Viehweiden** angebracht. Pferde auf der Weide interessieren sich sehr für ihre **Artgenossen** und versuchen auf unterschiedlichste Weise, mit ihnen in Kontakt zu kommen. Die Reaktionen reichen vom Wiehern über **Heranstürmen** bis zu deutlicher Aufforderung zum Wettrennen oder spielerischem Kräftevergleich mit hocherhobenem Schweif. Daher sollte in **Sichtweite** einer **Pferdeweide** nicht getrabt und galoppiert werden. Dies könnte eine **Gefahr** für die Weidepferde bedeuten, die instinktiv versuchen, sich einer vorbeikommenden Pferdegruppe anzuschließen, aber auch die eigene Gruppe gefährden.

7

Auch andere Tiere wie **Schafe** oder **Jungvieh** reagieren zum Teil sehr intensiv auf sich nähernde Pferde. Das jeweilige Schwanken zwischen **Neugier** und **Furcht** kann sehr unterschiedliche, auch für Pferde Angst auslösende Formen annehmen. Kälber sind bewegungsfreudig, aber meist ängstlich; ihre Reaktionen sind schwer vorherzusehen. Schafe halten sich bei vermeintlicher Gefahr im dichten Herdenverband – ein auf Pferde oft bedrohlich wirkender Anblick. Beim **Annähern** an andere **Tiere** ist grundsätzlich Vorsicht geboten.

Pferde und Hunde

Auch wenn es zur Praxis mancher Geländereiter gehört, **Hunde** beim Ausritt mitlaufen zu lassen, ist das nicht unproblematisch. Einen Hund vom Pferd aus an der **Leine** zu führen, muss eingehend geübt werden, zunächst auf einem eingezäunten Reitplatz. Hunde **unangeleint** mitzunehmen, ist **nicht** immer **erlaubt** (vielerorts nicht im Wald). Daher sollte sich jeder Reiter vorab genau **informieren**, ob Hunde ohne Leine mitgeführt werden dürfen, damit es nicht zu unliebsamen Überraschungen kommt. Nur ein sehr gut ausgebildeter, **gehorsamer Hund** kann vom Sattel aus mit der Stimme auch in kritischen Situationen (z.B. Begegnung mit Wild oder anderen Hunden) sicher **kontrolliert** werden. Außerdem müssen alle am Ausritt beteiligten Pferde an Hunde **gewöhnt** sein, damit sie beim plötzlichen Auftauchen oder bei Geräuschen, die ihre Annäherung verraten, nicht scheuen.

> **!** *Safety first*
> **Überlege, ob es vernünftiger ist, auf das Mitführen eines Hundes zu verzichten, um das mitunter gespaltene Verhältnis zwischen Reitern und anderen Interessengruppen nicht unnötig zu belasten. Viele Fußgänger oder Jogger, Bauern oder Jäger haben unliebsame Erfahrungen mit frei laufenden, im Zweifelsfall ungehorsamen Hunden gemacht.**

Pause und Rast

Auch eine Rast unterwegs erfordert Vorbereitung und **Planung**. Am besten und schonendsten für die Pferde ist es, wenn vor der Rast eine zehnminütige **Schrittstrecke** eingelegt wird. Sind Puls- und Atemwerte der Pferde bei der Ankunft noch erhöht, dann sollten die Pferde bis zur **Beruhigung** der Werte im Schritt **geführt** werden.

Nach dem Absitzen müssen alle Pferde von unten ebenso **sicher** unter **Kontrolle** gehalten werden wie vom Sattel aus. In welcher Form sich Pferde auf einer Rast sicher **führen**, **halten** oder **anbinden** lassen, hängt stark von ihrer Gewöhnung und Verträglichkeit ab.

Nach dem Absitzen werden sicherheitshalber die **Steigbügel** hochgeschoben. Ein **Lockern** des **Sattelgurtes** ist nur bei einer längeren Rast (über 45 Minuten) empfehlenswert. Wird der Gurt gelockert, verändert der Sattel leicht seine Lage; dadurch vergrößert sich die Gefahr von Sattel- oder Gurtdruck. Komfortabler für die Pferde ist es, wenn sie bei einer längeren Rast **abgesattelt** werden können. So können Pferdefell und Unterdecke an der frischen Luft trocknen. Vor dem erneuten Satteln müssen die Haare im Bereich von Sattel- und Gurtlage auf jeden Fall **glatt gebürstet** werden (Bürste mitführen).

Sind Pferde mit **Gamaschen**, **Streichkappen** oder **Sprungglocken** ausgerüstet, so sollten diese auf jeden Fall **kontrolliert** und während einer längeren Rast **abgenommen** werden. Zum einen **schwitzen** Pferde vermehrt unter allen Ausrüstungsteilen, zum anderen setzen sich darunter oft Sand oder kleine Fremdkörper fest und können **drücken** oder **scheuern**.

> *Safety first*
> **Zum Führen werden die Zügel über den Hals des Pferdes heruntergenommen. Ist das Pferd mit Martingal ausgerüstet, müssen die Zügel vorher aus dem Martingal ausgeschnallt werden.**

Anbinden unterwegs

Unterwegs dürfen Pferde nur dann angebunden werden, wenn eine geeignete **Anbindevorrichtung** (oberhalb des Buggelenks der Pferde) vorhanden ist. Außerdem sollte ein seitlicher **Sicherheitsabstand** zwischen den Pferden eingehalten werden können. Um eine passende Anbindemöglichkeit zu schaffen, kann man zwischen zwei Bäume ein mitgeführtes **Seil** in passender Höhe **spannen**. Daran können je nach **Verträglichkeit** mehrere Pferde mit seitlichem Abstand angebunden werden.

Werden die Pferde zum Anbinden mit **Halftern über der Trense** ausgerüstet, dann sollten die Zügel sicher befestigt werden, damit die Pferde nicht **hineintreten** können (z.B. Zügel miteinander verdrehen und einen Zügel im Kehlriemen einschallen).

Bei der Wahl der richtigen Länge des **Anbindestrickes** (so kurz wie möglich, so lang wie nötig) ist es wichtig, die **Reichweite** des angebundenen Pferdes zu überprüfen. Wichtig ist es, dass angebundene Pferde **nicht grasen** können. Pferde sollten dabei nicht über den Strick treten (zu lang angebunden) oder das Genick unter dem Anbindestrick einklemmen können (zu tief angebunden). In

> *Safety first*
> **Pferde dürfen nur an einem mitgeführten Halfter oder Halsriemen, niemals an den Zügeln oder an den Gebissringen angebunden werden.**

beiden Fällen droht die Gefahr **panischer Reaktionen**. Genauso gefährlich ist allerdings auch ein zu kurzer oder deutlich zu hoch angebrachter Strick.

Pferde halten

Ein Reiter kann in der Regel gefahrlos **zwei** (sich gegenseitig duldende) **Pferde** halten. Die sichere Position beim Festhalten ist den Pferdeköpfen gegenüber. **Gehorsam** beim Halten von unten gehört unbedingt zur **Erziehung** für ein gutes Geländepferd! Unruhige Pferde lassen eine Rast eher zur Belastung als zum Vergnügen werden.
Bei einer Rast – gerade am Waldrand oder im Wald – werden Pferde in den Sommermonaten oft intensiv von **Insekten** geplagt. Pferdeschweiß zieht insbesondere die unangenehmen Bremsen magisch an. Daher ist es nützlich, auf einem längeren Ritt **Insektenschutzmittel** mitzuführen und bei Bedarf (etwa zu Beginn einer Rast) erneut aufzutragen.

> *Safety first*
> **Lass dein Pferd nicht unkontrolliert mit Gebiss grasen. Lange Halme wickeln sich unweigerlich um das Gebiss und können die Zügelhilfen verfälschen.**

Beim Rasten auf **Grasboden** versuchen Pferde instinktiv, zu fressen. **Handgrasen** kann eine entspannende Lösung für alle Beteiligten sein, allerdings nur, wenn die Pferde auch am längeren Strick sicher im Gehorsam bleiben. Fressen Pferde mit **Gebiss**, können sich Grashalme um das Gebiss wickeln und so verklemmen. Vor dem Weiterreiten muss daher unbedingt das Gebiss **kontrolliert** werden.

Gefahr durch Giftpflanzen

Eine große Zahl von **Pflanzen** ist für Pferde **giftig**. Während **Vergiftungen** allerdings bei Weidepferden eher seltener sind, steigt die Gefahr auf Ausritten. Bei einer Rast knabbern Pferde gern an allem erreichbaren und möglicherweise giftigen Grünzeug. Das gilt für beliebte **Zierpflanzen** (z.B. Goldregen, Eibe, Liguster) oder **Bäume** (z.B. Robinie) genauso wie für den häufig im Wald vorkommenden Adlerfarn oder auch für **Wiesenblumen** und Kräuter (Sumpfdotterblume, Sumpfschachtelhalm). Daher sollten Pferde unterwegs nicht **unkontrolliert fressen** dürfen und niemals in der Nähe möglicherweise giftiger Pflanzen **angebunden** werden. Die Kenntnis der wichtigsten **Giftpflanzen** sowie der **Anzeichen für Vergiftungen** wird in der theoretischen DRP-Prüfung vorausgesetzt; sie sind ab Seite 120 aufgeführt.

Danach kann gefragt werden:

1. Welche Gesichtspunkte sind bei der Planung eines Ausritts zu beachten?

2. Welche Handzeichen für das Reiten in der Gruppe kennst du und was bedeuten sie? Zeige die Handzeichen vor!

3. Welche Regeln gelten für das Reiten in der Gruppe? Zähle auf (mindestens 5)!

4. Warum sollst du zu Beginn und am Ende eines Ausrittes immer mindestens 10 Minuten Schritt reiten?

5. Auf wen muss bei der Wahl von Strecke, Gangart und Tempo immer Rücksicht genommen werden?

6. Nenne Punkte, die einen kontrollierten Gruppengalopp ausmachen (positive Liste)!

7. Worauf musst du achten, wenn du das Wegreiten von der Gruppe trainierst?

8. Überlege gemeinsam mit Reiterfreunden, worauf du bei der Begegnung mit anderen Tieren achten solltest!

9. Beschreibe, wie du dich bei einer Rast zu verhalten hast!

10. Du willst dein Pferd auf einer längeren Rast im Gelände anbinden. Worauf musst du aus Sicherheitsgründen achten?

11. Kannst du dir vorstellen, warum das Grasenlassen mit Gebiss evtl. sogar gefährlich werden kann?

8 Besondere Geländeanforderungen unterwegs

Geländebesonderheiten

So gerne Reiter unterwegs unterschiedlichste Anforderungen bewältigen möchten – bei der Wahl einer **Wegstrecke** gibt immer eine Frage den Ausschlag: Darf ich nach den geltenden **gesetzlichen Bestimmungen** hier überhaupt reiten?

Im Gelände werden Pferde und Reiter mit unterschiedlichster **Bodenbeschaffenheit** konfrontiert. Der jeweilige Untergrund gibt vor, in welcher **Gangart** überhaupt geritten werden kann, natürlich mit Rücksicht auf die **Länge** und **Einteilung** des Rittes und die **Kondition** von Reiter und Pferd. Pferdehufe sollten auf keinem Weg – selbst wenn die Benutzung gesetzlich gestattet ist – bleibende Spuren oder gar **Schäden** hinterlassen.

Auf sehr hartem, sehr tiefem, unebenem, glattem und unübersichtlichem Boden sollte grundsätzlich **Schritt** geritten werden. Auf längeren Ritten ist es sogar üblich, zur Schonung der Pferdebeine auf Teerwegen **abzusteigen** und zu führen – insbesondere bei starken Steigungen oder Gefälle.

In **unübersichtlichem** Gelände – zum Beispiel auf zugewachsenen Wegen – muss immer mit verborgenen **Schwierigkeiten** gerechnet werden, zum Beispiel Steinen oder tiefen Spurrillen.

Der Übergang von schwierigem Gelände zu natürlichen Geländehindernissen kann fließend sein: Vor allem unerfahrene und bodenscheu veranlagte Pferde können einen Ast am Boden, eine kleine Terrasse, eine Pfütze oder einen flachen Graben als Hindernis ansehen und mit einem **Sprung** überwinden. Wer in schwierigem Gelände den Pferderücken leicht **entlastet**, kommt bei einem unverhofften Satz des Pferdes nicht so schnell hinter die Bewegung und damit aus dem **Gleichgewicht**.

> **Safety first**
>
> Gib deinem Pferd in schwierigem Gelände genügend Halsfreiheit, damit es sich ausbalancieren kann, du aber noch schnell genug mit Zügelhilfen reagieren kannst. Lass einen leichten Kontakt zum Pferdemaul bestehen, weil dein Pferd ohne Zügelverbindung eher aus dem Takt kommt, unsicher wird oder stolpert.

Deutscher Reitpass

Wasserstellen

Zu den beliebtesten natürlichen Geländeschwierigkeiten gehören **Wasserstellen**. Haben Pferde und Reiter eine mögliche Anfangsscheu vor dem neuen Element überwunden, gehören Wassereinritte oder -durchquerungen zu den schönsten Erlebnissen auf einem Ausritt. Allerdings gilt auch hier: Vorher muss abgeklärt sein, ob die Stelle sich zum Ein- oder Durchreiten **eignet** (Bodenbeschaffenheit) oder ob andere Gründe möglicherweise dagegensprechen (fehlendes Einverständnis des Besitzers, Naturschutz).

Ob und in welchem Grade Pferde **wasserscheu** sind, hängt von ihren Vorerfahrungen und ihrer Ausbildung ab. Generell sind alle jungen Pferde bei **Wasserflächen** misstrauisch gegenüber der fehlenden Bodensicht oder Spiegelung an der Oberfläche. Dieses Misstrauen kann sich schon bei dem Versuch zeigen, eine größere **Pfütze** zu durchreiten.

Ein stehendes und noch mehr ein fließendes Gewässer mit allen vier Beinen zu betreten, verlangt einem Pferd viel Vertrauen ab. Hier bietet, wie in so vielen ähnlichen Situationen, ein sicheres **Führpferd** die beste Unterstützung. Ein flacher **Einstieg** ins Wasser auf festem, griffigem **Untergrund** erleichtert dem Pferd, sein Zögern zu überwinden. Morastiger Boden beim Wassereinritt verstärkt dagegen die Angst des Pferdes.

Entspannt durchs Wasser – so macht Ausreiten Spaß.

Weigert sich ein Pferd, selbst hinter einem Führpferd her ins Wasser zu gehen, kann man versuchen, das Pferd zu Fuß ins Wasser zu **führen**. Manche Pferde haben in kritischen Situationen zu einem Führer deutlich mehr Vertrauen als zu einem Reiter. Allerdings ist dieses Vorgehen **nicht ungefährlich**, denn aufgeregte Pferde neigen dazu, wenig Rücksicht auf den führenden Menschen zu nehmen und z.B. aus dem Stand ins Wasser zu **springen**. Außerdem besteht die Gefahr, dass sich das Pferd losreißt.

> **! Safety first**
> Achte darauf, immer neben und nie vor dem Pferd zu gehen. So hast du mehr Kontrolle und das Pferd kann dir nicht in die Hacken springen.

Wer ein unerfahrenes Pferd an Wasser gewöhnen will, sollte einen genügend großen **zeitlichen Spielraum** haben. Es kann längere Zeit dauern, bis ein Pferd ohne Gewalteinwirkung dazu bewegt werden kann, dem nassen Element zu trauen. Bei geeigneten Wasserstellen und mit der entsprechenden Übung können Pferde es aber auch problemlos lernen, Wasser im **Trab** oder **Galopp** zu durchqueren.

> **! Safety first**
> Rechne damit, dass ein unerfahrenes Pferd versucht, über eine Wasserstelle zu springen, statt langsam hineinzugehen.

Viele Pferde haben sichtbar Spaß an dem neuen Element. Sie suchen die Möglichkeit, die Nase ins Wasser zu stecken, sie schnauben, prusten und löschen auch möglicherweise vorhandenen **Durst**. Manche Vierbeiner fangen regelrecht an, im Wasser zu stampfen und zu plantschen.

Jedes Pferd kann lernen, eine flache Wasserstelle zu durchqueren.

Allerdings sollte ein Reiter bei allem Spaß mit dem nassen Element äußerst aufmerksam bleiben. Gelegentlich finden Pferde das Wasser so verlockend, dass sie versuchen, sich **hinzulegen**. Ein Alarmsignal ist es, wenn Pferde scharren oder bereits sanft mit den Vorderbeinen einknicken. Hier hilft nur – vielleicht – energische Gegenwehr, das heißt **Treiben** mit beiden Schenkeln und der Gerte und den Kopf des Pferdes möglichst hoch zu halten.

> **! Safety first**
> Wenn du es nicht schaffst, rechtzeitig energisch aus dem Wasser herauszureiten, nimm beide Füße aus den Steigbügeln. Legt sich dein Pferd hin, versuche dich so schnell wie möglich vom Pferd zu lösen, damit du nicht unter das Tier gerätst.

Deutscher Reitpass

Reiten bergauf und bergab, klettern

Gangart und Tempo im Gelände müssen nicht nur an die Beschaffenheit des Bodens, sondern auch an wechselnde Landschaftsformationen angepasst werden. Schon eine leichte **Steigung** oder ein sanftes **Gefälle** verlangen von Pferd und Reiter entsprechende Anpassung. Reiten bergauf und bergab stellt höhere Anforderungen an das **Gleichgewicht**, aber auch an die Muskelkraft. Das Reiten **bergauf** wirkt meist bremsend, während die Pferde beim Reiten **bergab** von sich aus leicht ins Laufen kommen.
Natürlich lassen sich Steigung und Gefälle auch gezielt einsetzen. Für die anfängliche Lösungsphase eignet sich beispielsweise besonders gut eine längere Trabstrecke mit **sanfter Steigung**. Beim Galoppieren bergauf lässt sich naturgemäß das **Tempo** viel leichter unter Kontrolle halten als auf ebener Strecke. Auf Strecken mit **natürlichem Gefälle** müssen Pferde mit der **Hinterhand** weit unter das Gewicht treten, wenn sie das Tempo abbremsen und nicht von selbst immer schneller werden wollen.

Beim Reiten bergauf und bergab muss der Reiter seinen **Oberkörper** immer der Steigung bzw. dem Gefälle **anpassen**. Bergauf wird der Oberkörper **nach vorne** genommen und das Gesäß aus dem Sattel, bergab sitzt der Reiter im Sattel und der Oberkörper wird ungefähr **senkrecht zum** Hang gehalten. Nur so kann der Reiter seinen **Schwerpunkt** über dem des Pferdes halten und auf diese Weise mit dem Pferd im **Gleichgewicht** bleiben. Damit die Pferde nicht seitlich abrutschen, muss bergab immer auf **senkrechter Linie** quer zum Gefälle, also möglichst gerade, geritten werden.
Bei großen Steigungen und starkem Gefälle müssen die Pferde **klettern**. Beim Klettern bergauf muss der Oberkörper des Reiters weit nach vorne genommen werden, damit der Schwerpunkt nicht hinter den des Pferdes gerät. Kürzere **Steilhänge** versuchen viele Pferde

Reiten bergauf und bergab schult die Balance

8

Beim Klettern bergauf – Oberkörper vor.

instinktiv im Galopp zu nehmen, um den Schwung dieser Gangart auszunutzen. Grundsätzlich sollten große Steigungen aber nur im **Schritt** bewältigt werden. Auch beim Klettern bergab wird der Oberkörper nach vorne genommen (eine Ausnahme sind **extrem steile** Hänge, die ein Pferd nur auf der Hinterhand **rutschend** bewältigen kann; dabei bleibt der Oberkörper senkrecht). Um nicht vornüber zu fallen, ist es wichtig, beide **Unterschenkel** vorne zu lassen und sich in den Bügeln **abzustützen**.

> **Safety first**
> Fasse beim Klettern steil bergauf mit einer Hand in die Mähne, so kommst du nicht hinter die Bewegung.

Voraussetzung für den jeweils richtigen Sitz ist eine sichere **Oberkörperbalance** des Reiters. Daher eignet sich das Reiten bergauf und bergab auch hervorragend zur Balanceschulung und zur Vorbereitung auf das **Springen**.

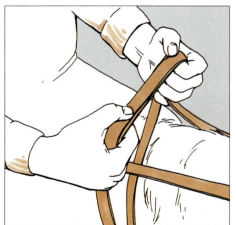

> **Safety first**
> Fasse beim Klettern steil bergab eine Zügelbrücke, so rutschen dir die Hände nicht am Pferdehals nach unten ab.

So wird die Zügelbrücke gefasst.

Deutscher Reitpass

Springen über Geländehindernisse

Das Überwinden von **Geländeschwierigkeiten**, wie sie auf jedem Ausritt vorkommen können, gehört zu den Aufgabenstellungen im Deutschen Reitpass. Das **Springen** von festen Geländehindernissen dagegen geschieht auf **freiwilliger** Basis. Wer beim Prüfungsausritt vier feste Hindernisse (bis 80 Zentimeter hoch) überwindet, bekommt vom Richterkollegium in der DRP-Urkunde den Vermerk „mit Springen" eingetragen.

Geländehindernisse bestehen – im Unterschied zu Sprüngen im Parcours – meistens aus natürlichem Material und sollten ebenso **natürlich** in die Landschaft eingepasst sein. Typische Beispiele für Geländehindernisse sind liegende Baumstämme, mit **natürlichem Material** gefüllte Bürsten, hölzerne Koppelzäune oder Ricks, befestige Auf- und Absprünge oder Wassergräben. Besonders bei den ersten Geländesprüngen ist es wichtig, dass die **Hindernisse** eine klare **Grund- und Oberlinie** haben und z.B. durch eine dünnere, direkt vor dem Hindernis liegende Stange der Absprung deutlich vorgegeben wird.

Springen ist ein freiwilliger Bestandteil der DRP-Prüfung.

Natürliche Hindernisse, die sich zum Springen eignen, sind in durchweg bewirtschafteter Landschaft rar. Auf den ersten Blick einladend wirkende **natürliche Sprünge** wie umgefallene Bäume oder Gräben

8

Das Überwinden kleiner Geländeschwierigkeiten gehört zu den Anforderungen in der DRP-Prüfung.

> **!** *Safety first*
> Springe nicht über unbefestigte natürliche Hindernisse wie lose Strohballen, Heureihen, oder lose geschichtete Holzstöße – sie könnten zur Stolperfalle für dein Pferd werden.
> Springe auch niemals über Drahtzäune – dein Pferd sieht sie vermutlich viel zu spät oder überhaupt nicht.

können Verletzungsgefahren bieten, daher ist Vorsicht geboten. Tückisch sind die **Absprung- und Landestelle** (nicht trittfester Untergrund, Wurzeln, Baumstümpfe, Löcher, Steine), aber auch herausstehende spitze Äste. Daher sollten Absprung- und Landestelle vor dem Springen genau begutachtet werden.

Natürliche **Gräben** dürfen nur dann gesprungen werden, wenn sie für Pferde gut **sichtbar**, also nicht von Gras überwuchert sind und die Ränder sich für Absprung und Landung eignen. Wegeschranken, Wildzäune, Ruhebänke für Spaziergänger oder Ähnliches sind **keine geeigneten Sprünge**.

Wo keine natürlichen oder künstlich angelegten Sprünge zur Verfügung stehen, hat sich die Verwendung **transportabler Geländehindernisse** bewährt.

Springtechnik im Gelände

Wer springen möchte, muss den **leichten Sitz** sicher beherrschen, ohne dabei mit den Händen am Pferdehals Halt suchen zu müssen. Zur Vorbereitung auf das Springen im Gelände ist es sinnvoll, die Überwindung von am Boden liegenden **Stangen** und **Cavaletti** in der

Reitbahn (Halle, Außenplatz) zu üben. So können Pferde und Reiter systematisch an das Reiten über Hindernisse herangeführt werden.
Bei ersten Springversuchen – auch im Gelände – kann ein Griff in den Halsriemen einen möglichen Balanceverlust ausgleichen. Ist ein Pferd nicht mit einem Martingal inklusive **Halsriemen** ausgerüstet, dann kann ersatzweise ein **Steigbügelriemen** um den Hals des Pferdes geschnallt werden.

Die meisten Pferde springen im Gelände mit großer **Selbstverständlichkeit**. Das Springen kann wahlweise aus dem **Trab** oder **Galopp** erfolgen. Springen aus dem Trab bietet den Vorteil, dass das Pferd immer den **passenden Absprung** findet und das Tempo vor dem Hindernis gut kontrolliert werden kann. Allerdings ist ein Sprung aus dem Trab wegen des plötzlichen Wechsels im Bewegungsrhythmus des Pferdes für den Reiter **schwieriger auszusitzen**. Ein Sprung aus dem Galopp fühlt sich dagegen, wenn das Pferd flüssig und **passend** springt, wie ein vergrößerter Galoppsprung an.

Die wichtigste Voraussetzung dafür, dass ein Pferd von sich aus **passend**, also weder zu früh noch zu spät abspringen und die Sprunghöhe richtig einschätzen (**taxieren**) kann, ist ein gut gewähltes, flüssiges **Grundtempo** und ein gleich bleibender **Galopprhythmus**

Mit mobilen Geländehindernissen lässt sich das Springen auf dem Reitplatz üben.

beim Anreiten des Sprunges. Über dem Sprung braucht das Pferd **Halsfreiheit**, das heißt, die Hände des Reiters gehen am Hals des Pferdes in Richtung Pferdemaul vor.
Jedes Hindernis sollte in **kontrolliertem Tempo** (also keine Tempoerhöhung zum Abspringen!) auf **gerader Linie** und in der **Mitte** angeritten werden. Bei schrägem oder seitlichem Anreiten wird das Pferd dazu verlockt, nach einer Seite auszubrechen. Nach dem Sprung sollte jeder Reiter **geradeaus** weiterreiten und möglichst schnell zu einem kontrollierten Tempo zurückfinden. Gefährlich sind Sprünge **aus dem Stand**. Sie sind nicht nur schwierig auszusitzen, sondern es besteht

> **Safety first**
> Auch beim Reiten über Hindernisse ist eine Zügelbrücke hilfreich. Greife in den Halsriemen des Martingals oder in die Mähne, wenn du dich unsicher fühlst.

Springen macht Spaß – wenn die Vorbereitung für Pferd und Reiter stimmt.

die Gefahr, dass das Pferd Höhe und Weite des Hindernisses nicht schafft, weil ihm der Schwung fehlt. Es kann am Sprung hängen bleiben und möglicherweise stürzen – schlimmstenfalls auf den Reiter. Nach einem **Verweigern** sollte man daher dem Pferd das Hindernis in Ruhe zeigen und dann erneut **flüssig** anreiten.

☞ Danach kann gefragt werden:

1. Überlege, bei welcher Beschaffenheit des Bodens zur Schonung des Pferdes besser nur Schritt geritten oder sogar geführt werden sollte.

2. Bevor du mit deinem Pferd in fremdes Gewässer reitest, müssen zwei Fragen vorab geklärt sein. Welche?

3. Nenne Gründe, warum unerfahrene Pferde oft misstrauisch auf Wasserstellen reagieren.

4. Einige Pferde lieben Wasser so sehr, dass sie versuchen sich hinzulegen. Nenne mögliche Alarmsignale und was du tun kannst, bevor es zu spät ist!

5. Beschreibe deine Körperhaltung beim Reiten bergauf ... und bergab? ... beim Klettern?

6. Vervollständige den Satz: Damit die Pferde seitlich nicht abrutschen, muss bergab immer_____ zum Hang geritten werden.

7. Bei einem Ausritt in unbekanntem Gelände liegt ein einladender Baumstamm auf dem Weg. Nutzt du diese unverhoffte Gelegenheit zum Springen sofort aus? Begründe!

8. Welche natürlichen Geländehindernisse kennst du?

9. Welche Hindernisse solltest du aus Sicherheitsgründen unbedingt vermeiden?

10. Kreuze an, welche Bedingungen für einen harmonischen und guten Sprung Voraussetzung sind!
    - ❏ leichter Sitz
    - ❏ vor dem Sprung schneller werden
    - ❏ möglichst schräg springen, um Zeit zu sparen
    - ❏ flüssiges Grundtempo
    - ❏ möglichst viel Schwung
    - ❏ Halsfreiheit des Pferdes über dem Sprung
    - ❏ in den Zügeln festhalten
    - ❏ gerade Linie
    - ❏ Sprung immer in der Mitte anreiten
    - ❏ gleich bleibender Galopprhythmus
    - ❏ nach dem Sprung geradeaus weiterreiten
    - ❏ kontrolliertes Tempo
    - ❏ aus dem Stand springen

9 Probleme, Gefahren, Verhalten bei Unfällen

Unstimmigkeiten zwischen Pferd und Reiter

Auch bei fachgerechter Planung und Durchführung eines Ausrittes kann es zu **Unstimmigkeiten** zwischen Pferd und Reiter kommen. Denkbare Ursachen sind vielfältig (Außenreize, innere Spannung des Pferdes, innere Spannung des Reiters) und manchmal nicht auf den ersten Blick zu erkennen.

Unstimmigkeiten zwischen Pferd und Reiter kündigen sich meist in einer ganzen Reihe von kleinen, versteckten bis deutlichen **Anzeichen** an, zum Beispiel verspannte Körperhaltung, übereilte oder verhaltene Schritte oder (Trab-)Tritte, Kopfschlagen, Drängeln, Anzackeln und Ähnliches. Es ist für die Sicherheit aller Teilnehmer an einem Ausritt wichtig, dass jeder Reiter die Anzeichen von erhöhter Spannung, Aufregung, beginnendem Scheuen oder Widersetzlichkeit seines Pferdes rechtzeitig bemerkt und angemessen **reagiert**.

Lassen sich die Probleme nicht durch vermehrten **Einsatz der Reiterhilfen** lösen, dann ist es wichtig, den Leiter des Ausrittes bzw. die Mitreiter zu informieren. Durch gezielte **Maßnahmen** – etwa Durchparieren, Lösen im kontrollierten Trab, Zurücknehmen oder Verstärken des Tempos, Platzwechsel für das betroffene Pferd, im Extremfall auch Reiterwechsel, kann der offene Ausbruch von Konflikten in der Regel vermieden werden. Dagegen reicht der **Ungehorsam** eines einzigen Pferdes aus, um eine ganze Pferdegruppe „anzustecken" und die Reiter in Gefahr zu bringen.

> **!** *Safety first*
> Scheue dich nicht, bei sich ankündigenden Unstimmigkeiten mit dem Pferd die Rücksichtnahme der ganzen Gruppe einzufordern.

Scheuen

Der häufigste Konflikt zwischen Pferd und Reiter im Gelände entsteht durch ein natürliches Verhalten der Pferde, das **Scheuen**. Als Fluchttiere meiden sie die Nähe unbekannter bzw. plötzlich Angst auslösender Gegenstände, Geräusche oder Gerüche. Die jeweilige **Reizschwelle** der Pferde ist dabei sehr unterschiedlich und auch abhängig von äußeren Faktoren wie Tagesform und Wetter. Ein genetisch vorprogrammiertes **Fluchtverhalten** lässt sich bei allen Pferden beobachten. Sämtliche **Geräusche**, die eine Annäherung eines natürlichen

Feindes (Urfeind Raubkatze) verraten könnten, sind Pferden verdächtig: knacken, knistern und rascheln in Ästen und Laub (anschleichen), schleifen eines größeren Gegenstandes am Boden (Wegschleifen einer Beute), schlängeln einer Schnur oder eines Schlauches am Boden (Urfeind Schlange) oder verfolgt werden von bellenden Hunden (Urfeind Wolf).

Mit dem angeborenen Scheuverhalten der Pferde hat es auch zu tun, dass sie bei scharfem Wind oder Sturm in **erhöhter Alarmbereitschaft** sind: Das damit verbundene generelle Ansteigen des Geräuschpegels erlaubt es den Pferden nicht mehr, die Annäherung eines natürlichen Feindes rechtzeitig zu bemerken.

Pferde meiden generell **Reizüberflutung**, also alles, was sehr **groß** und/oder sehr **laut** ist oder sich unkontrolliert bewegt (Lastwagen, flatternde Planen, Mähdrescher, rennende Menschen usw.). Alles, was für Pferde **ungewohnt/unbekannt** ist, kann zur imaginären Bedrohung werden: ein Schuppen im Feld, eine Bank am Wegrand, ein großer Stein, eingeschweißte Silagerollen und so weiter. Andererseits lassen sich Pferde mit etwas Geduld und Zeit erstaunlich gut selbst an extreme Reize **gewöhnen**, wie zum Beispiel die Ausbildung der Polizeipferde eindrucksvoll beweist.

Das natürliche Gegengewicht zum Fluchtverhalten ist das **Neugierverhalten**: Es sorgt dafür, dass Pferde nicht bei geringfügigen Anlässen in unbeherrschbare, für alle Beteiligten gefährliche Panik verfallen – und dabei ihre Energie in sinnloser Flucht verpuffen. Die **Neugier** der Pferde lässt sich dafür ausnutzen, sie an bedrohliche Gegenstände heranzuführen und durch Beschnuppern zu „entschärfen". Gerade bei der Gewöhnung an Angst auslösende Situationen im Gelände ist ein erfahrenes **Führpferd** eine unersetzliche Hilfe. Um ein sicherer vierbeiniger Partner im Gelände zu werden, braucht jedes Pferd eine intensive **Ausbildung** mit behutsamer **Gewöhnung** an geländetypische Reize.

Safety first

Begegne dem Scheuen (Ausweichen) des Pferdes, indem du das Pferd von der vermeintlich drohenden Gefahr abwendest und vorwärts seitwärts vorbeireitest – energisch, aber ohne Zwang. Merke dir mit Blick auf die Gefahrenstelle: den Pferdekopf weg, den Pferdekörper hin!

Pullen, Durchgehen

Der Ehrgeiz und der **Vorwärtsdrang** der Pferde kann im Gelände vermehrt auftreten und durch verschiedene Außenreize verstärkt werden. Beim **Pullen** (das sich vom englischen „pull" = „ziehen, zerren" herleitet), entzieht sich ein Pferd den annehmenden Zügelhilfen durch heftiges Ziehen gegen die Reiterhand. Das kann sich zum regelrechten Kräftemessen steigern.

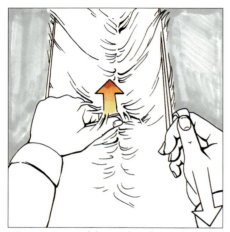

Auch in hohem Tempo sollte ein Reiter dabei versuchen, das Pferd nicht isoliert mit den Zügeln, sondern durch den Einsatz aller Reiterhilfen gemeinsam wieder unter Kontrolle zu bekommen. Um sich die Zügel nicht aus der Hand ziehen zu lassen, kann es hilfreich sein, die **Zügelfaust** auf dem Mähnenkamm **aufzusetzen** (nur im Notfall anwenden!).

Mit einer Faust auf dem Mähnenkamm findest du mehr Gegenhalt, wenn dein Pferd durchgeht.

Wenn der Reiter die Kontrolle über das Tempo verloren hat, spricht man vom **Durchgehen** des Pferdes. In einer solchen Situation muss ebenfalls der Versuch gemacht werden, alle **Reiterhilfen zu**

Versuche, ein durchgehendes Pferd in immer enger werdenden Wendungen einzufangen.

verstärken und tief einzusitzen, bis das Pferd so weit reagiert, dass es sich wenden und – wenn die örtlichen Gegebenheiten es erlauben – am besten in einer **Spirale** (immer kleiner werdende Zirkel/Volten) einfangen lässt.

> **!** *Safety first*
> Versuche, auftretende Probleme im ruhigen Vorwärts zu lösen. In der Fluchtgangart Galopp neigen Pferde am ehesten dazu, sich der Kontrolle des Reiters zu entziehen.

Buckeln, Bocken, Steigen

Ungehorsam und Widerstand von Pferden kann sehr unterschiedliche Formen annehmen. Spannung und Übermut lösen Pferde am ehesten in **unkontrollierten Sprüngen**, wobei sie teilweise mit den Hinterbeinen ausschlagen. Solchen Situationen kann ein geübter Reiter im **Entlastungssitz** begegnen, wobei es im Einzelfall sinnvoll sein kann, die Flucht nach vorn anzutreten: Pferde, die ihre Kraft für die Vorwärtsbewegung brauchen, setzen weniger Kräfte in den Widerstand.

Gefährlich für den Reiter ist das **Bocken** auf der Stelle, wie es im Extremfall beim Rodeo gezeigt wird. In einer solchen Extremsituation muss der Reiter versuchen, auf jeden Fall **senkrecht** zu bleiben und das Pferd – notfalls mit energischer Zügelhilfe – daran zu hindern, den Kopf zwischen die Vorderbeine zu stecken. Die Korrektur sollte auf jeden Fall in die **Vorwärtsbewegung** erfolgen.

Das **Steigen** auf die Hinterbeine ist eine typische Kampfhaltung der Pferde und daher auch als Kampfansage gegenüber dem Reiter zu werten. Steigen ist der gefährlichste Ungehorsam eines Pferdes, weil es – insbesondere, wenn der Reiter falsch reagiert (sich z.B. am Zügel festhält) – sein Gleichgewicht verlieren kann und sich dann überschlägt. In diesem Fall läuft der Reiter Gefahr, unter das stürzende Pferd zu geraten.

> *Safety first*
> **Versuche nicht, ein steigendes Pferd vom Sattel aus durch gezielte Provokationen zu korrigieren oder gar zu kurieren. Betreibe zur Abhilfe intensive Ursachenforschung.**

Steigen (links) ist eine gefährliche, Bocken (rechts) eine unangenehme Form der Widersetzlichkeit gegen den Reiter.

Steigt ein Pferd, ist es für den Reiter die wichtigste Aufgabe, selbst nicht aus der **Balance** zu geraten und das Pferd so zum Umfallen zu bringen. Das heißt: „Luft am Zügel", Oberkörper vor, notfalls beide Arme um den Pferdehals und – wenn möglich – Füße aus den Bügeln. Die Korrektur muss möglichst ebenfalls in die **Vorwärtsbewegung** erfolgen.

Verhalten bei Unfällen

Auch die gut geplante Durchführung eines Ausrittes schützt nicht hundertprozentig vor Unfällen – ein Rest unberechenbarer **Tiergefahr**, aber auch die Möglichkeit **menschlicher** Fehler bleibt immer bestehen. Bei einem **Unfall** ist es unter Umständen lebenswichtig, die **Ruhe** und den **Überblick** über die Situation zu bewahren. Sind Reiter oder andere Unfallbeteiligte verletzt, so müssen sich Helfer als Erstes ein Bild von der Situation machen. Ziel muss es sein, Verletzten notfalls sofort **lebensrettende Erste-Hilfe-Maßnahmen** zukommen zu lassen und eine möglichst schnelle fachgerechte medizinische Versorgung und den Transport in ein Krankenhaus zu veranlassen. Dabei muss der Erste-Hilfe-Leistende aber beurteilen können, ob die Maßnahmen nicht evtl. den Zustand verschlimmern können: Das Befreien von Helm und Stiefeln kann bei Rückenverletzungen (die beim Reiten häufiger vorkommen) noch größeren Schaden anrichten!

Im Überblick: Checkliste erste Hilfe

- Zustand des Verunglückten feststellen
- Wenn nötig, sofort lebensrettende Sofortmaßnahmen einleiten
- So bald wie möglich Hilfe holen lassen (Notruf)
- Unfallstelle absichern lassen!

Die Reihenfolge des Vorgehens richtet sich nach der jeweils vorgefundenen Situation.

Erste Hilfe

Um einen Überblick über die Situation eines Verletzten zu bekommen, sind drei Kontrollen – in dieser Reihenfolge – wichtig: die Kontrolle des **Bewusstseins** (Ansprechbarkeit), die Kontrolle der **Atmung** (Atemzüge) und die Kontrolle des **Herzschlags** (Puls).
Dazu kommt die Untersuchung möglicher äußerer Verletzungen mit starker Blutung.

Beim Feststellen von Bewusstlosigkeit sofort Hilfe rufen (**phone first!**). Setzt die Atmung aus, kann von einer geübten Person eine Atemspende gegeben werden. Eine geschulte Person kann auch im Notfall eine Herz-Lungen-Wiederbelebung durchführen.

Erste Hilfe und Notruf im Überblick

Gehe beim Leisten von erster Hilfe nach der Notrufkette vor:
Sofortmaßnahmen – Notruf – weitere erste Hilfe – Rettungsdienst – Krankenhaus
Der Notruf besteht aus fünf Aussagen (Merke: 5 W-Wörter!):
- Wo geschah es?
- Was geschah?
- Wie viele Verletzte?
- Welche Art von Verletzungen?
- Warten auf Rückfragen

Beim Notruf nach einem Reitunfall muss auch die **Bergung** und **Versorgung** eines möglicherweise verletzten **Pferdes** bedacht werden: Benachrichtigung der Polizei, Herbeirufen eines **Tierarztes**, Organisation des **Rücktransportes**. Für Helfer muss bei Unfällen im Gelände evtl. ein **Treffpunkt** vereinbart werden, damit ortsunkundige Fahrer die Unfallstelle sicher finden. Falls die Unfallstelle für (schwere) Fahrzeuge nicht befahrbar ist, muss ein **Halteplatz** in der Nähe angegeben werden.

Safety first
Beim Notruf nach einem Reitunfall bedenken: Martinshorn und Blaulicht sollten bei der Annäherung an eine Pferdegruppe ausgeschaltet werden, ein Hubschrauber darf nie in der Nähe einer Pferdegruppe landen.

Blutstillende Maßnahmen

Bei größeren, stark blutenden Wunden mit Verdacht auf **arterielle Blutung** (hellrotes, spritzendes Blut) müssen möglichst schnell **blutstillende Maßnahmen** eingeleitet werden. Wenn möglich, wird ein **Druckverband** angelegt.

Ist auf einem Ausritt kein Verbandspäckchen zur Hand, dann muss im Notfall bei der Blutstillung improvisiert werden (Taschentücher, Kleidungsstücke).

Blut stillen im Überblick

- Am Kopf oder Rumpf: aufpressen auf die Blutungsstelle, wenn möglich Druckverband anlegen
- Am Arm: hoch halten, abdrücken, Druckverband anlegen
- Am Bein: Druckverband anlegen
- Reicht ein Druckverband nicht aus, einen zweiten darüber anlegen
- Bei Stauungen Verband abnehmen und mit weniger Zug umwickeln
- Wunden abdecken, aber nicht mit Medikamenten behandeln

Schock

Oft stehen Unfallopfer unter **Schock**, vor allem wenn sie verletzt sind. Mögliche Anzeichen sind blasse und kalte Haut, schneller und kaum tastbarer Puls, Frieren, Teilnahmslosigkeit, Schweiß auf der Stirn.

Falls notwendig, zunächst Blut stillen, dann den Betroffenen entsprechend lagern. Bei der **Schocklagerung** liegt der Patient flach auf dem Rücken. Die **Füße** werden mit leicht gebeugten Knien (entsprechend unterstützen) etwas **höher gelagert** als der Kopf. Zusätzlich ist es wichtig, einen Schockpatienten **nicht allein zu lassen**, und ihn zu beruhigen und zu betreuen. Dabei Bewusstsein, Atmung und Puls regelmäßig **kontrollieren**! Bei Reitunfällen im Gelände stehen in der Regel keine Decken oder andere Hilfsmittel für die **Lagerung des Patienten** zur Verfügung. Hier muss bei Bedarf improvisiert werden. Zur Lagerung können Sattelunterdecken Verwendung finden, zum Abstützen der Beine evtl. der Sattel selbst, zum Warmhalten mitgeführte Kleidungsstücke.

> ### *Safety first*
> **Die Schocklagerung darf nicht durchgeführt werden bei Bewusstlosigkeit, Knochenbrüchen im Bereich der Beine, des Beckens oder der Wirbelsäule, Schädelverletzungen, Atemnot oder plötzlichen Schmerzen im Bauchraum.**

Bewusstlosigkeit

Ist das Unfallopfer bewusstlos, besteht die Gefahr des **Erstickens**. Dies kann verhindert werden, wenn der Betroffene (bei ausreichender Atmung) in die **stabile Seitenlage** gebracht wird. Bei Verdacht auf **Rückenverletzungen** sollte der Verunglückte aus Sicherheitsgründen **nicht bewegt** werden.
Die Durchführung der stabilen Seitenlage sollte im DRP-Lehrgang praktisch geübt werden und bei der Prüfung demonstriert werden können. Die Teilnahme an einem **Erste-Hilfe-Kurs** ist zusätzlich empfehlenswert.

Knochenbrüche

Anzeichen für einen Knochenbruch sind Schonhaltung, abnormale Lage, Bewegungseinschränkung oder Bewegungsunfähigkeit, Schmerz im betroffenen Bereich, Schwellung. Eine genaue Diagnose kann nur ein Arzt stellen.
Bei Verdacht auf Knochenbruch sollte die Bruchstelle nicht bewegt werden. **Offene Brüche** könnten vorsichtig mit einer WundAufl. locker abgedeckt werden. Bei **geschlossenen Brüchen** kann Kühlung (notfalls mit nassen Tüchern) zur Schmerzlinderung und Bekämpfung der Schwellung beitragen.

Muskelzerrungen, Prellungen

In Reiterkreisen gilt die traditionelle Forderung, dass Reiter nach einem Sturz am besten sofort wieder aufsitzen sollen. Nach **Muskelzerrungen oder Prellungen** ist es aus medizinischer Sicht aber geboten, dass sich die Betroffenen keiner weiteren Belastung aussetzen. Mögliche Maßnahmen lassen sich von der Abkürzung für das Deutsche Rote Kreuz, **DRK**, herleiten:
- D = Druck (Verband mit elastischer Binde)
- R = Ruhigstellung (Hochlagerung)
- K = Kühlen (mit Eis (nicht direkt auf die Haut) oder Kältekissen für jeweils höchstens 30 Minuten).

<u>Wichtig</u>: Keine Wärmeanwendung und Massage!
Nach jedem Sturz sollte ein **Arzt** aufgesucht werden, um die genaue Diagnose zu sichern.

Durchführung der stabilen Seitenlage

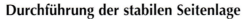

- Seitlich an den Bewusstlosen herantreten/knien und ihn in Hüfthöhe anheben.
- Der Arm der gleichen Seite wird so weit wie möglich unter den Körper geschoben, damit man ihn nachher gefahrlos herausziehen kann.

- Das Bein auf derselben Seite wird gebeugt, der Fuß an das Gesäß gestellt, damit der Bewusstlose beim Herüberziehen nicht in Bauchlage gerät.

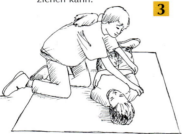

- Jetzt werden Schulter und Hüfte der anderen Seite gefasst und der Verletzte vorsichtig und gleichmäßig herübergezogen, um eine Schädigung der Wirbelsäule zu vermeiden.

- Nun kann der Arm, der vorher unter dem Körper lag, vorsichtig am Ellbogen nach hinten hervorgezogen werden.

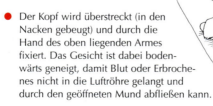

- Der Kopf wird überstreckt (in den Nacken gebeugt) und durch die Hand des oben liegenden Armes fixiert. Das Gesicht ist dabei bodenwärts geneigt, damit Blut oder Erbrochenes nicht in die Luftröhre gelangt und durch den geöffneten Mund abfließen kann.

Deutscher Reitpass

Vom Unfall betroffene Pferde

Zur notwendigen Sicherung der Unfallstelle gehört es, sich um das Pferd des verunglückten Reiters zu kümmern. Von einem **frei laufenden Pferd** kann nach einem Unfall weitere erhebliche **Gefahr** ausgehen. Versuche, das Pferd einzufangen, dürfen allerdings niemals in eine Verfolgungsjagd ausarten – dadurch würde sich das Pferd eher gejagt fühlen und seine Flucht fortsetzen.

Im Überblick: Frei laufende Pferde nach einem Unfall

- Das Pferd bleibt in Sicht- und Hörkontakt der übrigen Pferde.
  Hilfe: Beruhigung und Einfangen durch Zuruf und behutsame Annäherung.
- Das Pferd flüchtet in Richtung Heimatstall; der Fluchtweg lässt sich ungefähr voraussehen.
  Hilfe: Heimatstall, Polizei, und Verkehrsfunk benachrichtigen. Dem Pferd, wenn möglich, behutsam in Sichtweite folgen.
- Das Pferd flüchtet panisch; die Reaktionen sind nicht vorherzusehen, die Folgen unter Umständen dramatisch.
  Hilfe: Polizei und Verkehrsfunk alarmieren. Dem Pferd, wenn möglich, in Sichtweite folgen.

Erste Hilfe für Pferde im Gelände

Bei jedem Ausritt können Pferde **verunglücken** oder spontane **Krankheitsanzeichen** zeigen. Erste Hilfe unterwegs kann unter Umständen ein Pferdeleben retten oder die Folgen eines Unfalls oder einer Erkrankung abmildern. Bei jeder schwer wiegenden oder auch nur unklaren Verletzung bzw. Krankheit eines Pferdes unterwegs sollte so schnell wie möglich der Tierarzt benachrichtigt werden. Zur **Notfallmeldung** nach dem W-Muster (siehe Notfallmeldung für verunglückte Menschen) gehören für den **Tierarzt** auch nähere Angaben über das betroffene Pferd. Ist der **Rücktransport** eines Pferdes im Transporter unumgänglich, so muss auch die Abholung mit einem entsprechenden Fahrzeug organisiert werden.

Befindet sich das Pferd in einer hilflosen Lage und muss geborgen werden, sind **Polizei** (Notruf 110) bzw. **Feuerwehr** (Notruf 112) die richtigen Ansprechpartner.

Sofortmaßnahmen am Unfallort für ein verunglücktes Pferd sind ohne Material (Verbandszeug etc.) schwierig. Ein mitgeführtes Verbandspäckchen für Menschen kann begrenzt hilfreich sein. Auf größeren Ausritten oder Wanderritten ist es empfehlenswert, eine **mobile Notfallapotheke** mitzuführen.

Im Überblick: Mobile Notfallapotheke

- **1 weißes Laken** (halbiert, wegen des Platzes), heiß gebügelt (dadurch ist es zwar nicht steril, aber keimarm) und eingeschweißt, zum Abdecken größerer Wunden. Bei Hitzschlag wird es in einem Brunnen oder Bach nass gemacht und dem Pferd zur Kühlung übergelegt.
- **1 Stück sauberes Sackleinen**, ca. 30 x 50 cm groß (für einen eventuellen Hufverband).
- **1 kleine Flasche bereits vorgemischte Jodlösung** (Betaisodona-Lösung) zum Desinfizieren für Verletzungen.
- **1 kleines Fläschchen sterile Kochsalzlösung oder Augentrostlösung** zum Auswaschen bei einem Fremdkörper im Auge oder bei Insektenstichen im bzw. am Auge. (Gibt es in kleinen Einheiten abgefüllt in der Apotheke.)
- **10 sterile Gazetupfer** (in Apotheken) um Verletzungen zu säubern, abzudecken oder bei Bedarf das Auge abzutupfen.
- **Je 3 Mull- und elastische Binden** evtl. selbstklebend; bei einer starken arteriellen Blutung kann man damit das Bein abbinden (Tupfer unterlegen) oder Verletzungen versorgen sowie Kompressen fixieren.
- **1 kleine Rolle Verbandswatte** zum Polstern der angelegten Verbände.
- **1 kleine Rolle Gewebe-Klebeband** für die Verbände
- **1 kleine Schere mit abgerundeten Spitzen**
- **1 Hufkratzer, 1 Hufmesser, 1 Pinzette**

Verletzungen

Augenverletzung: Jede **Verletzung des Auges** (z.B. durch Äste) ist bei Pferden immer ein Notfall, der schnellstmöglich von einem **Tierarzt** behandelt werden sollte. Nie Salben oder Tropfen vor der Untersuchung des **Tierarztes** ins Auge einbringen.

Kreuzverschlag: Bekommt ein Pferd an Ruhetagen **normale Futterration**, so lagern sich überschüssige Energiereserven in der Muskulatur ein. Wird das Pferd danach dann unvorbereitet und **ohne ausreichende Aufwärmphase** stark gearbeitet, so werden die Energiereserven vor allem in Rücken, Kruppe und Oberschenkeln in schädliche Stoffwechselprodukte umgewandelt, die nicht abtransportiert werden können. Die Folge ist neben einer **Entzündung** schließlich die **Zerstörung** von Muskelzellen. Kreuzverschlag kann jedoch auch bei gut trainierten Pferden und richtiger Fütterung auftreten.

Anzeichen: Pferd geht relativ schnell klamm und **steif** in der **Hinterhand**, knickt ein, **schwitzt** und zittert. In schweren Fällen kann das Pferd keinen Schritt mehr laufen. Die Muskeln an Rücken und Kruppe sind hart und schmerzhaft, der **Harn** durch den frei gewordenen Blutfarbstoff **rotbraun** verfärbt.

Hilfe: Jegliche Bewegung verschlimmert die Krankheit, also sofort **absitzen**. Wenn möglich das Pferd an Ort und Stelle abholen lassen. Da **Wärme** gut tut, das Pferd mit Tüchern, Jacken und Ähnlichem eindecken. Bis der **Tierarzt** kommt, die betroffene Muskulatur mit einer durchblutungsfördernden Salbe einreiben.

Kronentritt (Ballentritt): In unebenem Gelände, beim Springen, bei fehlerhaftem Hufbeschlag oder auch bei scharfen Wendungen kann sich ein Pferd selbst in Krone oder Ballen treten. Auch ein zu dicht aufreitender Mitreiter kann die Verletzung verursachen.

*Anzeichen: Im Bereich von **Hufkrone** und Ballen **sind** oberflächliche bis tiefe **Wunden** zu sehen. Es besteht die Gefahr, dass **Hornspalten** oder **Huffisteln** entstehen und, dass die hornbildende Schicht oder das Gelenk verletzt wird. Darum muss die Wunde unbedingt von einem **Tierarzt** behandelt werden.*

*Hilfe: Umgebung der Wunde vorsichtig mit einem sauberen Tuch oder mit Kompressen säubern. Erdklümpchen oder Steinchen durch Spülung mit einer milden **desinfizierenden** Jodlösung entfernen. Verletzung mit sterilen Kompressen abdecken und diese mit einer Binde befestigen, bei starken Blutungen einen **Druckverband** anlegen. Das Pferd nicht mehr bewegen, sondern **Heimtransport** organisieren!*

Lahmheiten: Keine Eigenbehandlung, das Pferd sollte **geschont** werden und nur im Schritt geführt werden (je nach Grad der Lahmheit). Im Zweifelsfall immer den **Tierarzt** verständigen.

Nageltritt: Bei einem Ausritt hat ein Pferd viele Möglichkeiten sich einen Nagel (z.B. auch von seinem abgerissenen Hufeisen), ein scharfes Stück Metall, einen Stein, Glas oder Holz einzutreten. Dringt einer dieser **Fremdkörper** durch die Sohle bis zu dem darunter liegenden empfindlicheren Gewebe, kommt es fast immer zu einer **Entzündung** mit nachfolgender Lahmheit. Da die in den Huf eingedrungenen Teile meist verschmutzt sind, sind eitrige **Infektionen** keine Seltenheit. Meist ist der eingetretene Nagel in der Spitze oder der Nähe der Spitze des Strahles zu finden.

Anzeichen: Je nach der Tiefe des Vordringens kommt es sofort oder erst nach einigen Tagen zu einer deutlichen **Lahmheit**. Infolge des Schmerzes schwitzt und scharrt das Pferd vermehrt, der Huf ist wärmer und bei Beklopfen oft schmerzempfindlich. Oft ist am Fesselkopf eine starke **Pulsation** fühlbar.

Hilfe: Ist die Wunde bereits infiziert, können nur noch **Tierarzt** und **Schmied** helfen. Wenn die Möglichkeit besteht, bei frischem Nageltritt die Sohle sorgfältig mit Wasser und etwas Desinfektionsmittel säubern. Den **Nagel** vorsichtig in Einstichrichtung **herausziehen**, Lage und Richtung **merken** und mit dem Hufmesser den Stichkanal oberflächlich leicht ausschneiden. In das Loch Jodlösung tropfen und mit sterilen Kompressen abdecken. Danach mit Hilfe von einem Stück Sackleinen und Gewebeklebeband einen festen **Hufverband** anlegen. Das Pferd muss umgehend nach Hause geführt bzw. bei längeren Strecken transportiert werden. Den Nagel oder Fremdkörper mitnehmen, dem **Tierarzt** zeigen und seine **Lage im Huf** beschreiben. Größere, scharfe Gegenstände **nicht entfernen**, nur steril abdecken, da es sonst zu nicht stillbaren Blutungen kommen könnte. Provisorisch verbinden und **abholen** lassen. Alles Weitere macht der **Tierarzt**.

Nasenbluten: Ein Pferd kann aus den verschiedensten Gründen Nasenbluten haben. Denkbar wäre ein **Unfall**, Sturz, Schlag von einem Ast oder einen Tritt an den Kopf sowie eine Verletzung der kleineren Gefäße in der Nasenschleimhaut. Daneben gibt es noch die verschiedensten **krankheitsbedingten Ursachen** wie Geschwülste, Kolik u. a.

Anzeichen: Aus einer oder beiden Nüstern fließt tröpfchenweise oder in einem dünnen Strahl Blut, das hell- oder dunkelrot sein kann.

*Hilfe: Sofort den **Ritt beenden**. Frische, **leichte Blutungen** stoppen nach kurzer Zeit von selbst. Das Pferd sollte beruhigt und sein Kopf leicht **gesenkt** gehalten werden Das erleichtert den Abfluss und verhindert, dass das Blut in die Lunge läuft. Dazu kann ein nasses Tuch* *dem Pferd zum Kühlen auf Stirn und Nasenrücken gelegt werden. Das regt die Blutgerinnung an. Ist die Blutung gestoppt, sollten die* **Nüstern** *sanft, aber gründlich* **gereinigt** *werden. Bei erneutem Auftreten den Tierarzt rufen. Starkes, anhaltendes Nasenbluten bedeutet einen Notfall und muss sofort, noch vor Ort,* **tierärztlich** *behandelt werden. Bis zu dessen Eintreffen das Pferd beruhigen (Aufregung erhöht den Blutdruck und verstärkt die Blutung).*

Satteldruck: Haarlose **Scheuerstellen** (offen oder geschlossen) in der Sattellage entstehen durch Reibung aus den verschiedensten Ursachen. Neben mangelnder Pflege (unsaubere oder faltige Satteldecke oder verschmutztes Fell) bzw. schlecht sitzendem oder schlecht gepolstertem Sattel, gibt es auch körperliche Probleme, die dafür verantwortlich sein könnten. Beispiele dafür sind Allergien, Insektenstiche oder verstopfte Talgdrüsen. Durch die Reibung entsteht eine Entzündung, die als **Scheuerstelle** oder **Schwellung** im frischen Zustand bzw. als harte **Knötchen** im älteren Zustand erkennbar wird.
Anzeichen: Verschwitztes Fell trocknet über der Druckstelle schneller, **Wärme**, später Schwellungen, **Knötchen** oder Scheuerstellen.
Hilfe: Wichtig ist, die **Ursache** zu ermitteln und abzustellen. Da die Satteldruckstellen einige Zeit nicht belastet werden dürfen, sollte der **Ritt abgebrochen** werden. Bei leichten Schwellungen die Sattellage kalt abwaschen und **kühlen**. Vorsorglich für einige Zeit eine mit Jodlösung getränkte Kompresse auflegen, denn winzige offene Stellen sind leicht zu übersehen. Dann die Sattellage mit einem **Polster** (Verbandswatte) schützen und vorsichtig nach Hause reiten. Einige Tage mit dem Reiten aussetzen. Bei **starken Schwellungen** mit feuchten, kalten Tüchern oder einem Kühlpack kühlen, das Pferd in den Stall führen, **nicht** mehr **reiten**. Offene Stellen mild desinfizieren und mit einer Kompresse abdecken und im Heimatstall mit einer Heil- oder Zinklebertransalbe behandeln. Werden die wunden Stellen nicht besser oder sind sie sehr umfangreich, sollte ein **Tierarzt** hinzugerufen werden.

Safety first
Untersuche bei längeren Ritten zwischendurch in regelmäßigen Abständen die Sattellage auf Schwellungen, Scheuerstellen und auffällig warme Stellen.

Blutungen: Starke Blutungen sind ein absoluter Notfall und müssen selbstverständlich sofort vom Tierarzt versorgt werden.

Oberflächliche Wunden: Hierbei ist nur die Haut verletzt, die tiefer liegenden Gewebe sind in Ordnung. Kleine, oberflächliche Wunden können selbst behandelt werden; größere, tiefe Wunden muss sofort ein Tierarzt versorgen.

Hautverletzungen: Die verschiedensten Ursachen wie ein Stoß, Tritt, Biss oder Hängenbleiben können zu leichten Hautverletzungen führen.
Hilfe: Die Wunde sollte mit **Desinfektionslösung** gesäubert werden. Die Nachbehandlung mit einer **Heilsalbe** oder **Zink-Lebertransalbe** fördert die Heilung.

Schürfwunden: Ein Sturz auf einem harten Untergrund oder das Vorbeischrammen an einem festen Gegenstand führt zu unterschiedlich großen, mehr oder weniger stark blutenden, verschmutzten Wunden. Meist sind sie nur dann gefährlich, wenn sie besonders groß, tief oder in Gelenknähe sind.
Hilfe: Wunde mit steriler **Kochsalz- und Jodlösung** säubern und mit einer Schere die Haare um die Wunde herum kürzen, damit sie nicht die Wundoberfläche verkleben. Steinchen mit einer Pinzette entfernen (nicht reiben), abdecken mit feuchten (Jodlösung) Kompressen und einem gepolsterten **Verband**. Im Stall vom **Tierarzt** begutachten lassen. Kleinere Wunden heilen ohne Verband mit einer zinkhaltigen Salbe meist problemlos.

Großflächige, tiefe Wunden: Bei tiefen Wunden ist das unter der Haut liegende Gewebe verletzt. Die Wunde kann unterschiedlich stark bluten (s. Blutungen). Besonders gefährlich sind Wunden in Gelenknähe!
Hilfe: Das Pferd nicht mehr bewegen und den **Tierarzt** an Ort und Stelle rufen. Bis zu dessen Eintreffen **nicht desinfizieren**, da die Wunde sonst u. U. nicht mehr genäht werden kann. **Sterilen Verband** ohne weitere Behandlung anlegen, bei stärkeren Blutungen **Druckverband** anlegen. Großflächige Wunden mit einem sterilen Tuch (s. Mobile Notfall-Apotheke) abdecken.

Vergiftungen

Vergiftungen entstehen durch die **Aufnahme schädlicher Substanzen** pflanzlicher oder chemischer Natur. Sie gelangen mit der **Nahrung**, der Atemluft oder durch die **Haut** in den Körper. Auf Ausritten ist die Gefährdung durch **giftige Pflanzen** besonders hoch.

Im Zuge ihrer Domestizierung haben einige Pferde den natürlichen Instinkt, der sie vor dem Fressen von Giftpflanzen schützt, verloren. Mangelnde Erfahrung, Neugier und Appetit auf verlockendes Grünzeug veranlassen Pferde, an allem zu knabbern, was sie erreichen können. Unterwegs ist vor allem das **Knabbernlassen** an Sträuchern und Hecken, aber auch das Anbinden in Reichweite unbekannter Pflanzen **gefährlich**. Eine Reihe bekannter und häufig vorkommender Gräser, Blumen, Sträucher und Bäume ist hoch **giftig**. Schlimmstenfalls kann die Aufnahme nur weniger Blätter ausreichen, um ein Pferd in wenigen Minuten zu töten.

Anzeichen: Sehr unterschiedlich, ebenso die **Zeitspanne** von der Aufnahme des Giftes bis zum Auftreten der ersten **Symptome**. Vergiftungen können sich äußern durch ungewöhnliche Unruhe, leichte Erregbarkeit, Darmstörungen, krampfartige Kolikanfälle, Durchfall, Schweißausbruch, Speichelfluss, Lähmungen, taumelnden Gang oder andauerndes Gähnen. Im schlimmsten Fall stirbt ein Pferd an Atemlähmung oder Herz-Kreislauf-Versagen.

Hilfe: Bei Verdacht auf Vergiftung muss so schnell wie möglich ein **Tierarzt** gerufen werden. Das Pferd darf **keine** weitere **Nahrung** zu sich nehmen; erlaubt ist nur frisches Wasser. Unbedingt eine Probe der verdächtigen Pflanze aufheben! Wenn möglich, sollte das Pferd bis zum Eintreffen des Tierarztes in eine ruhige, gut gepolsterte Box gebracht werden, in der es sich nicht selbst verletzen kann.

9 Einige Giftpflanzen im Überblick

Adlerfarn
Verbreitete Waldpflanze
Anzeichen: „Taumelkrankheit" wie Sumpf-Schachtelhalm.
Gesamte, auch im Heu enthaltene Pflanze, enthält das Gift.
Eine tägliche Dosis von 2-3 kg der Pflanze über 30 Tage sind tödlich.

Aronstab, gefleckter
Schattige, feuchte Laubwälder, Gebüsche und Bachufer
Anzeichen: Schwere Entzündungen mit Blutungen von Maul bis Enddarm mit Durchfall, Krämpfen, Taumeln, zentralnervösen Lähmungen
Gesamte Pflanze enthält das Gift. Giftgehalt nimmt bei Trocknung ab.

Beeren-Eibe
Zierstrauch oder -baum in Gärten und Parks und auf Friedhöfen mit immergrünen Nadeln
Anzeichen: Magen-Darm-Entzündung, Nierenschädigung, Herz- und Atmungsgift
Tod schon 5 Minuten nach dem Fressen von Nadeln und Zweigen. 100–200 g Nadeln sind tödlich.

Bingelkraut
Schattenpflanze, Unkraut
Anzeichen: Durchfall, Blutharnen, Schiefhals, Hufrehe, Leberschädigung
Wurzeln, Samen und Spross der frischen und getrockneten Pflanze sind stark giftig, tödlich.

Blauer Eisenhut
Feuchte Weiden, Gebirgswälder, Zierpflanze
Anzeichen: Nervengift! Speicheln, Erregung, Ängstlichkeit, Herzrhythmusstörung, Durchfall, Kolik, Krämpfe, aufsteigende Lähmung von Zunge, Gesichts- und Skelettmuskulatur mit starken Schmerzen. Tod durch Kreislaufversagen oder Atemlähmung
Gesamte Pflanze, besonders Wurzel und Samen sind hochgiftig, Aufnahme des Giftes durch die Haut. Giftgehalt im Winter am höchsten. 200 – 400 g frische Pflanze oder 300 g getrocknete Wurzelknollen sind tödlich.

KGW = Körpergewicht des Pferdes

Buchsbaum, gemeiner
Zierstrauch
Anzeichen: Schwindel und Unruhe, Durchfall, Krämpfe, Lähmung des Zentralnervensystems
750 g Blätter sind tödlich; Tod durch Atemlähmung.

Christrose, schwarze Nieswurz
Subalpine Wälder und Gebüsche, Gartenzierpflanze
Anzeichen: Starke Entzündung des Verdauungstraktes mit Speicheln, Durchfall und Kolik, Pupillenerweiterung, zentralnervöse Erregung und später Lähmungen
Gesamte Pflanze ist hochgiftig, 8–10 g frische und getrocknete Wurzeln sind tödlich.

Fingerhut, roter
Zierpflanze
Anzeichen: Durchfall, Schwanken, Lähmung, Störung der Herztätigkeit, Herzstillstand
25 g getrocknete Blätter oder 100–200 g frische Blätter auch über mehrere Tage verteilt, sind tödlich.

Gemeiner Seidelbast
Wälder, Gebüsche, Zierpflanze
Anzeichen: Haut- und Schleimhautreizungen, Entzündungen des Magen- Darmkanals mit blutigem Durchfall und schwerer Kolik, Gleichgewichtsstörungen, Atemnot, Tod durch Kreislaufkollaps
Alle Pflanzenteile sind auch im Heu hochgiftig, besonders Rinde, Beeren und Samen. 30 g Rinde sind tödlich.

Ginster/Besenginster
Heidepflanze, Waldränder und Zierpflanze
Anzeichen: Speicheln, Herzklopfen, hochgradige Erregung, Durchfall, später Verstopfung, Lähmungen, hochtragende Stuten können verfohlen
Gesamte Pflanze ist giftig, bei zeitiger Behandlung nicht tödlich.

Goldregen, gemeiner
Gelb blühender Zierstrauch
Anzeichen: Erregung, Bewegungsstörung, Krämpfe, Tod durch Atemlähmung
Wurzeln, Samen und Blüten giftig. 250–300 g Samen sind tödlich.

Hahnenfuß
Wiesen, sumpfiges Gelände, Wegränder
Anzeichen: Entzündung in Maul, Magen, Darm und Nieren, Durchfall und Kolik, Speicheln, Schwäche
Gesamte Pflanze enthält das Gift, selten tödlich, im Heu ungiftig.

Herbstzeitlose
Wiesenpflanze
Anzeichen: Appetitlosigkeit, Benommenheit, Speicheln, Lähmung, Kreislaufversagen, Tod durch Atemlähmung
Blüte, Samen, Knollen, Blätter auch im Heu giftig. Ca. 1200–3000 g frische Blätter oder Kapseln sind innerhalb von 1–3 Tagen tödlich.

Jakobskreuzkraut
Wegränder, Wiesen und stark genutzte Weiden (Rötl. Stengel im frischen Heu)
Anzeichen: Starkes Lebergift, das sich im Körper anhäuft (Vorsicht Winterheu!), akut: Kolik, Krämpfe, Taumeln, Leberschädigung; chronisch (kleine Menge oder kontinuierliche Aufnahme): Abmagerung, Gähnen, Unruhe, Taumeln, zielloses Wandern, fortschreitende Leberschäden, Krämpfe, Tod im Leberkoma
Gesamte Pflanze ist auch in Heu und Silage hochgiftig, ca. 4–8 % des KGW an Pflanze sind tödlich, auch über mehrere Tage und Wochen verteilt. Werden frisch eher gemieden (schlechter Geschmack), aber in Heu gerne gefressen.

Johanniskraut
Gebüsche, Wald- und Wegränder, lichte Wälder
Anzeichen: Photosensibilisierung! An unpigmentierten, wenig behaarten Hautstellen: Rötungen, Schwellungen, Krustenbildung, Infektionen der offenen Stellen, Appetitlosigkeit, Unruhe, manchmal Krämpfe
Gesamte Pflanze, besonders Blüten und Blätter sind auch getrocknet giftig.

Lebensbaum oder Thuja
Zierbaum, Hecken, Gärten
Anzeichen: Reizung von Haut und Schleimhaut; Magen-, Darmentzündung, Krämpfe, Leber- und Nierenschäden
Gesamte Pflanze, besonders die schuppenförmigen Blätter, ist hochgiftig.

Liguster, gemeiner
Strauch, Hecke, Wälder
Anzeichen: Magen- und Darmentzündung, Herzrasen, gerötete Schleimhäute, Gleichgewichtsstörungen, Anstieg der Körpertemperatur, Lähmung der Hinterhand
Beeren, Blätter und Rinde giftig. 100–150 g der Pflanze tödlich.

Maiglöckchen
In trockenen Laubwäldern, häufige Gartenzierpflanze
Anzeichen: Speicheln, Durchfall, Kolik, erst Herzklopfen mit schnellem, dann immer schwächerem Puls, langsame, tiefe Atmung, Herzstillstand
Alle Pflanzenteile, besonders Blüten und Früchte, sind stark giftig, Vergiftungen aber eher selten.

Oleander
Gartenzierpflanze
Anzeichen: Kolik, Durchfall, Pupillenerweiterung, Herzrhythmusstörungen, kalte Beine, Tod durch Herzlähmung
Alle Pflanzenteile sind frisch wie getrocknet hochgiftig. 15–20 g grüne Oleanderblätter sind tödlich.

Rhododendron, Familie
Zierstrauch in Gärten und Anlagen, wild nur im Hochgebirge
Anzeichen: Magen-, Darmentzündung mit Speicheln, Kolik, Krämpfe, zentralnervöse Störungen, Lähmungen und Tod durch Atemlähmung
Je nach Art sind nur die Blätter oder die gesamte Pflanze giftig.

Robinie, weiße
Zier- und Alleebaum, zum Teil verwildert
Anzeichen: Entzündung der Magen- und Darmschleimhaut, Durchfall, Speicheln, Kolik, Hufrehe, Lähmungserscheinungen
Rinde, Blätter und Laub sind giftig. Ca. 150 g Rinde ist tödlich.

Schierling, gefleckter
An Mauern und Zäunen, auf Äckern, in Ufergebüschen, an Wegrändern und in Gärten
Anzeichen: Inkoordination, Unruhe, Muskelzittern, tränende Augen, weiße Schleimhäute, Pupillenerweiterung, vermehrter Harndrang, Kolik, Krämpfe
**Alle Pflanzenteile, besonders die Früchte, sind hochgiftig.
Im Frühling am giftigsten, bei Trocknung sinkt der Giftgehalt.
3 kg Frischpflanze sind tödlich.**

Schöllkraut
Wegränder, Mauern, Schuttplätze
Anzeichen: Magen-Darmentzündung, Benommenheit, Herzrhythmusstörungen, Senkung des Herzschlages, Krämpfe, Blutdruckabfall
Gesamte Pflanze, besonders der Milchsaft, ist giftig. Getrocknet nicht giftig. Schwere Vergiftungen eher selten.

Schwarzes Bilsenkraut
Auffälliges Aussehen der Pflanze, Unkraut
Anzeichen: Erhöhte Atmung, Tobsucht, Durst, Verstopfung, Lähmung (wie Tollkirsche)
Wurzeln, Samen, Blüten und Blätter (180–360 g) sind giftig, können tödlich sein.

Spindelbaum, Pfaffenhütchen
Hecken, Wälder, Gebüsche, feuchte schattige Orte, Zierstrauch
Anzeichen: Kolik, Durchfall oder Verstopfung, Krämpfe, Kreislaufstörungen, Herzrasen
Gesamte Pflanze, besonders die Früchte und Samen sind stark giftig.

Sumpfdotterblume
Sumpf- und Wiesenblume
Anzeichen: Kolik, Nierenentzündung, Krämpfe, Ataxie der Hinterhand
Geringe Giftwirkung, getrocknet nicht giftig.

Sumpf-Schachtelhalm
Nasse Wiesen, Gräben, Ufer.
Anzeichen: höhere Erreg- und Schreckhaftigkeit, Muskelzucken, taumelnder Gang („Taumelkrankheit"), niedriger Puls, weite Pupillen, evtl. Stürzen, Tod infolge Erschöpfung.
Pflanze insgesamt, auch im Heu hochgiftig. Ein Anteil von 20 % im Heu über einen Zeitraum von einem Monat verfüttert ist tödlich.

Tollkirsche, schwarze
Staude, Wälder, steinige Gebüsche, Ränder von Waldwegen
Anzeichen: Erhöhte Atmung, Tobsucht, Durst, Verstopfung, Lähmung
Wurzeln, Samen, Blüten und Blätter wirken giftig.
180 g Wurzeln sind tödlich. 125 g Samen oder 120 g Blätter wirken toxisch oder auch tödlich.

Wasserschierling
See- und Teichufer, Sümpfe und Wassergräben
Anzeichen: Erst erregend, dann lähmend: Speicheln, Erregung, Gleichgewichtsstörung, heftige Krämpfe, Muskelschwäche, Pupillenerweiterung, Lähmungen, Tod durch Atemlähmung
Gesamte Pflanze, besonders aber der Wurzelstock und Stengel sind auch getrocknet hochgiftig. Hoher Giftgehalt im Spätherbst, eine Wurzel ist tödlich.

Weißer Germer
Lichtungen und feuchte Wiesen, vor allem in Süddeutschland
Anzeichen: Kontaktgift! Aufnahme durch die intakte Haut, Übelkeit und Durchfall, Schwindel, Unruhe, Krämpfe, Lähmung des zentralen Nervensystems. Tod durch Atemlähmung
Gesamte Pflanze ist frisch und getrocknet hochgiftig.
1 g Wurzel/kg KGW sind tödlich, wird im Heu gerne gefressen.

9 ☞ *Danach kann gefragt werden:*

1. Welche Anzeichen können Unstimmigkeiten zwischen Pferd und Reiter ankündigen?

2. Bei einem Ausritt zeigt ein Pferd Anzeichen für deutliche Spannung, die auch auf die anderen Pferde „ansteckend" wirkt. Welche Möglichkeiten kennst du, um den drohenden Konflikt zwischen Pferd und Reiter zu vermeiden?

3. Scheuen gehört zum natürlichen Verhalten eines Pferdes. Warum?

4. Überlege, wann und wovor dein Pferd scheuen könnte!

5. Wie reagierst du, wenn dein Pferd durchgeht?
   - ❏ am Zügel ziehen und geradeaus reiten bis das Pferd stehen bleibt
   - ❏ galoppieren lassen bis das Pferd müde wird
   - ❏ auf keinen Fall treiben
   - ❏ versuchen abzuwenden und in einer enger werdenden Spirale einfangen
   - ❏ wenn nötig, durch Aufsetzen der Zügelfaust ein Durchziehen der Zügel vermeiden
   - ❏ mit den Zügeln nachgeben, weil Pferde sowieso stärker sind
   - ❏ weiterhin im leichten Sitz bleiben
   - ❏ sich aufrichten, alle Hilfen gemeinsam einsetzen

6. Bei einem Unfall im Gelände ist ein Reiter vom Pferd gestürzt und bleibt liegen. Was machst du als Erstes, was dann?
   Du kümmerst dich um den Verletzten – was prüfst du?

7. Du willst mit einem Notruf Hilfe für den Verletzten herbeiholen. Welche Angaben musst du machen?
   Du brauchst Hilfe für ein verletztes Pferd, das sich nicht einfangen lässt. Wen benachrichtigst du, woran musst du dabei denken?

8. Du willst feststellen, ob der Verletzte unter Schock steht. Nach welchen Anzeichen schaust du?

9. Übe mit deinen Reiterfreunden, ein bewusstloses Unfallopfer in die stabile Seitenlage zu bringen. Überlegt gemeinsam:
Wann ist die stabile Seitenlage möglicherweise eine lebensrettende Maßnahme?
Wann darf ein Verletzter auf keinen Fall in die stabile Seitenlage gebracht werden?

10. Beschreibe, was zu tun ist, wenn ein Pferd nach einem Unfall reiterlos in Richtung Heimatstall flüchtet.

11. Welche spontanen Krankheitsanzeichen können bei einem Pferd im Gelände auftreten? Wann muss ein Ritt sofort abgebrochen werden?

12. Welche Erste-Hilfe-Maßnahmen für Pferde kennst du? Welche kannst du praktisch vorführen (z.B. einen Hufverband anlegen)?

13. Welche Anzeichen für Vergiftungen gibt es?
Was tust du bei dem Verdacht, dass dein Pferd eine giftige Pflanze gefressen hat?

14. Führe dir noch einmal die Giftpflanzen vor Augen, die du bereits beim Basispass Pferdekunde kennen gelernt hast.

15. Giftpflanzen nicht nur vom Namen, sondern auch vom Aussehen her zu erkennen, erfordert Übung.
Schau dich bei deinen nächsten Ausritten um, ob du Giftpflanzen entdeckst – welche sind es?

Viele Giftpflanzen wachsen in Gärten und Parks. Versuche, dir das Aussehen häufig vorkommender giftiger Pflanzen einzuprägen.

10 Pferdesport im Gelände

Reiten im Gelände hat viele Facetten

Ausreiten ist für die Mehrzahl aller Reiter das schönste Vergnügen auf dem Pferderücken. Ausritt ist freilich nicht gleich Ausritt – im **Gelände** sind viele unterschiedliche Facetten des **Pferdesports** möglich: Ein Ritt kann in der Gruppe oder allein als pures Vergnügen oder mit bestimmten Zielsetzungen als **Spiel**, **Wettbewerb** oder **Prüfung** mit gestaffelten Leistungsanforderungen gestaltet werden.

Reiten im Gelände hat in allen unterschiedlichen Formen einen gemeinsamen Vorteil: Bewegung in freier Natur kommt den **natürlichen Bedürfnissen** und damit auch den Vorlieben der Pferde sehr entgegen. Die **Harmonie** zwischen Mensch und Pferd kann nirgendwo anders so zwanglos und so selbstverständlich erreicht werden wie beim Ausreiten.

> **!** *Safety first*
> **Ausreiten macht sicher:** Nirgendwo lernst du besser, dich auf unterschiedliche Anforderungen im Sattel einzustellen, als im Gelände.

Ausbildung im Gelände gehört zur unverzichtbaren „Grundschule" für jedes Pferd. Wechselnde Anforderungen (Strecke, Boden, Außenreize) schulen das Pferd beinahe nebenbei für alle denkbaren Anforderungen des Reitpferdedaseins. Ein auf diese Weise **vielseitig ausgebildetes** Pferd ist in der Lage, vielfältige Aufgaben unter dem Sattel zu meistern. Aber nur bei entsprechender Vorbereitung, gründlicher **Ausbildung**, dosiertem **Training** und **Einhalten der wichtigen Sicherheitsregeln** unterwegs bleibt die **Freude am Geländereiten** für Reiter und Pferd auf Dauer erhalten.

Startklar für den Ausritt: Geländereiten bietet viele Möglichkeiten.

Deutscher Reitpass **128**

Organisierte Ausritte

Organisierte Ausritte können – ganz ohne Konkurrenzgedanken und Wettbewerbscharakter – viele verschiedene Formen annehmen. Die gängigste Form ist ein **Gruppenausritt** rund um den Heimatstall.

Bei einem **Stafettenritt** teilen sich verschiedene Reiter oder Gruppen eine längere Strecke über einen größeren Zeitraum ähnlich wie bei einem Staffellauf. Stafettenritte haben dabei in der Regel ein besonderes Ziel oder Motto und können sogar über Ländergrenzen hinweg organisiert werden.

Bei einem **Sternritt** reiten mehrere Teilnehmer oder Gruppen von unterschiedlichen Ausgangspunkten aus zu einem gemeinsamen Ziel. Auch mit Sternritten ist meist ein besonderer Anlass oder ein Motto verbunden.

Wanderreiten

Zunehmender Beliebtheit erfreut sich das **Wanderreiten**, das nichts anderes als ein **Wandern zu Pferde** darstellt. Landschaft und Natur auf langen Wanderritten vom Pferderücken aus kennen zu lernen, ist für viele Geländereiter die schönste Variante des Reitsports überhaupt.

Einfache Formen des Wanderreitens sind **mehrstündige Ausritte** und **Tagestouren**. Bei mehrtägigen Wanderritten endet eine Tagestour nicht im heimatlichen Stall, sondern bei einem zufällig („hier gefällt's mir, hier bleib ich") oder jeweils vorher ausgewähltem Etappenziel.
Als Faustregel für das Wanderreiten gilt ein **Tagespensum** von rund **fünf Stunden** Reitzeit, überwiegend im Schritt. Auf diese Weise können Tagestouren von rund 25 km Länge gemeistert werden (je nach Geländeanforderung, z.B. große Unterschiede, ob in den Bergen oder im Flachland).

Wanderreiten erfordert natürlich mehr Übung und Vorbereitung als ein längerer Ausritt. Auf einem Wanderritt muss **Gepäck** für die Versorgung von Pferd und Reiter mitgeführt werden, und unterwegs ist je nach Dauer und Streckenlänge mindestens eine **Rast** nötig, bei der den Pferden Wasser angeboten werden sollte. Selbst wenn ein begleitendes Tross-Fahrzeug mit von der Partie ist, müssen Wanderreiter einiges Gepäck **auf dem Pferd** verstauen (etwa in Packtaschen), um für alle möglichen Situationen im Gelände gerüstet zu sein. Sie brauchen unterwegs z.B. passende Kleidung zum Schutz vor Sonne, Wind, Regen und Insekten, eine Notfallapotheke für erste Hilfe bei Mensch und Pferd, Strick und Halfter, Putzzeug mit Schwamm und Hufkratzer, einen Falteimer für das Tränken und Not-Beschlagswerkzeug.

Ausrüstung für das Wanderreiten

Es sollte eine Selbstverständlichkeit sein, dass Pferde und Reiter sich nur mit qualitativ hochwertiger, perfekt passender und sicherer **Ausrüstung** auf längere Ritte wagen. Besonders kritisch ist der Sattel samt entsprechender Unterlage und passendem Gurt. Druck- und Scheuerstellen im Bereich von Sattel und Gurtlage können rasch dazu führen, dass ein Ritt abgebrochen werden muss.

Beim Wanderreiten ist eine besonders gute **Orientierung** im Gelände nötig. Wer eine Strecke reitgerecht planen und Etappenziele sicher finden will, muss den Umgang mit **Karte** und **Kompass** sicher beherrschen. Geeignete Karten in den Maßstäben 1 : 50 000 und 1 : 25 000 sollten unterwegs mitgeführt werden.

Bei allen Wanderritten mit **Übernachtungen** sollten die Übernachtungsmöglichkeiten für Pferde und Menschen vorher genau bedacht werden – wenn sie nicht dem Zufall überlassen werden (eher in Ausnahmefällen). Während für Menschen je nach Vorliebe vom Hotelbett über ein Heulager bis zum Biwak jede denkbare Variante möglich ist, muss bei Pferden der **Sicherheitsaspekt** im Vordergrund stehen. Nur verträgliche Pferde können gemeinsam auf einer Koppel oder in einem Paddock bleiben. Speziell für Wanderreiter sind mobile Paddocksysteme (Steckstäbe und Elektroband) im Handel erhältlich. Diese Umzäunungen sind natürlich von begrenzter Stabilität. Daher sollten die Pferde auf jeden Fall vorher in ihrer gewohnten Umgebung damit vertraut gemacht werden.

Wanderreiten im Wettkampf

Für Wanderreiter gibt es die Möglichkeit, an speziell ausgeschriebenen **Wettkämpfen** teilzunehmen. Die Anforderungen sind abgeleitet von den Herausforderungen, mit denen ein Wanderreiter auf seinen **mehrtägigen Wanderritten** in fremder Umgebung konfrontiert werden kann. Dazu gehören z.B. das Reiten nach Karte und Kompass, die Einhaltung von Zeitvorgaben, die Bewältigung von Geländeschwierigkeiten aller Art und Rittigkeitsaufgaben.

Die Internationale Föderation für Pferdesporttourismus (Fédération International de Tourisme Equestre – FITE) führt Internationale Wanderreiter-Wettbewerbe durch. Einmal jährlich findet nach dem TREC-Reglement (**T**echniques **R**andonnée **E**questre de **C**ompetition) ein Weltchampionat im Wanderreiten statt.
Auf nationaler Ebene ist der Erste Trekkingclub Deutschland (ETCD) mit vielen Wettbewerben insbesondere auf der Einstiegsebene aktiv.

Abzeichen im Wanderreiten

Aufbauend auf den Deutschen Reitpass bietet die Deutsche Reiterliche Vereinigung Abzeichen für Wanderreiter in zwei Stufen an.

Das **Wanderreitabzeichen Stufe 1** richtet sich an Reiter, die längere Strecken zurücklegen und z.B. mehrstündige Ausritte, Tagesritte machen. Der Bewerber für das Abzeichen wird geschult, die Einsatzfähigkeit der Pferde beurteilen zu können, sich sicherheitsorientiert und in Notsituationen zu verhalten. Hauptbestandteil der praktischen Prüfung ist ein mehrstündiger Streckenritt in der Gruppe mit Orientierungsaufgaben.

Verdiente Rast nach einem langen Ritt.

Das **Wanderreitabzeichen Stufe 2** richtet sich an Reiter, die mehrtägige Ritte unternehmen wollen. Hier werden grundlegende Fertigkeiten in der Planung von Wanderritten vermittelt. In der praktischen Prüfung wird ein mindestens zweitägiger Wanderritt absolviert. Dabei ist unterwegs eine Orientierungsaufgabe nach vorgegebenem Tempo in einer kleinen Reitergruppe zu lösen. Außerdem müssen Pferde und Reiter einen Gelände-Geschicklichkeitsparcours absolvieren.

Wanderreitabzeichen

Distanzreiten

Auch beim **Distanzreiten** werden im Gelände lange Strecken zurückgelegt – aber in höherem Grundtempo. Statt des Wanderns zu Pferd entspricht das Distanzreiten einem **Langstreckenlauf** zu Pferd. Die Anforderungen auf Distanzritten können dabei kontinuierlich gesteigert werden vom Breiten- bis zum Spitzensport, vergleichbar der Steigerung vom zwanglosen Joggen bis zum Marathonlauf. Die „Marathonstrecke" der Distanzreiterei als Leistungssport ist der **Hundertmeiler** (160 km). (Weitere Infos auf Seite 68.)

Distanzreiten als Wettkampf

Höchstes Ziel der Distanzreiter ist es, die vorgegebenen Strecken ohne Beeinträchtigung der Gesundheit ihres Pferdes zu überwinden; dieses Ziel ist wichtiger als der Wettbewerbsgedanke. Daher werden vor, während und nach Distanzritten regelmäßige **Gesundheitskontrollen** für die Pferde durchgeführt. Nur wer mit einem gesunden und nicht überanstrengten Pferd das Ziel erreicht, hat Chancen auf einen Platz in der Wertung.

Die zentrale **Organisation der Distanzreiter in Deutschland VDD** hat ein eigenes Regelwerk für Distanzritte geschaffen, das als erweiterter Bestandteil der LPO (Leistungs-Prüfungs-Ordnung) der FN gilt.

Abzeichen im Distanzreiten

Aufbauend auf den Deutschen Reitpass bietet die Deutsche Reiterliche Vereinigung (FN) Abzeichen für Distanzreiter in drei Stufen an. Das **Distanzreitabzeichen Stufe 1** richtet sich an Reiter, die an kurzen Distanzritten teilnehmen (wollen). Der Bewerber wird geschult, die Eignung und Einsatzfähigkeit des Pferdes beurteilen zu können und in Notsituationen richtig vorzugehen. Für die praktische Prüfung absolviert der Reiter einen ca. 25-39 km langen Einführungsritt, zum Teil nach Karte, in einem dem Gelände angepassten Tempo, nicht langsamer als T 7,5 (= 8 km/Stunde).

Für das **Abzeichen im Distanzreiten Stufe 2** werden grundlegende Fertigkeiten in der Planung und Durchführung von langen Ritten vermittelt. Außerdem wird der Absolvent für die Teilnahme an mittleren Distanzritten befähigt und auf die lange Strecke vorbereitet. In der Praxis muss ein ca. 50 km langer Distanzritt nach Karte im flüssigen Tempo, nicht langsamer als T 6 (10 km/Stunde) absolviert werden.

Distanzreitabzeichen

Das **Distanzreitabzeichen Stufe 3** zählt wegen der erhöhten Anforderungen an Reiter und Pferd zu den Leistungsabzeichen der FN.

Jagdreiten

Heutige **Reitjagden** sind ein Ersatz für Wildjagden zu Pferde hinter einer Hundemeute her. Das Jagen zu Pferd auf lebendes Wild ist seit Beginn des Jahrhunderts (1934) in Deutschland gesetzlich verboten, aber die lange **Tradition** wird in den Schleppjagden und Reitjagden **ohne Hunde** fortgesetzt.

Am häufigsten wird die **Reitjagd ohne Hunde** (oft mit anschließendem Fuchsschwanzgreifen) veranstaltet. In nahezu jedem Reitverein wird jährlich als ein Höhepunkt die Fuchsjagd ohne Hundemeute angeboten, sodass von ca. 6.500 Jagden bundesweit ausgegangen wird. Die **Schleppjagd** wird hinter der speziell ausgebildeten Hundemeute geritten. Bundesweit gibt es ca. 28 Hundemeuten unterschiedlicher Hunderassen. Für die Hunde wird eine spezielle Fährte von dem Schleppenleger gelegt, der die Hunde folgen. Die Geländestrecke und auch die Hindernisse des springenden Feldes sind vorher genau geplant und festgelegt.

10

Jagdreiten ist ein anspruchsvoller Reitsport, bei dem zum Schutz und der Sicherheit von Mensch und Tier feste **Regeln** eingehalten werden müssen. Das „Handbuch Jagdreiten" (erschienen im **FN***verlag*) gibt ausführlich Auskunft über alle Belange des Jagdreitens. Eine Reitjagd-Ordnung ist auch in der Broschüre „Allround-Gelände" aufgeführt (erhältlich im **FN***verlag*).

Ein Pikör mit der Hundemeute – so wird jagdliche Tradition gepflegt.

Abzeichen im Jagdreiten

Aufbauend auf den Deutschen Reitpass bietet die Deutsche Reiterliche Vereinigung (FN) Abzeichen für Jagdreiter in zwei Stufen an. Im **Jagdreitabzeichen Stufe 1** werden grundlegende Kenntnisse für die Teilnahme an einer Jagd im springenden Feld vermittelt. Darüber hinaus wird der Bewerber für die Beurteilung des Zustandes eines Pferdes, für sicherheitsorientiertes Verhalten und Vorgehen in Notsituationen geschult. In der Praxis wird geordnetes Reiten in der Gruppe im Gelände, Gruppengalopp in mehreren Tempi und Überwinden von natürlichen Hindernissen gefordert.

Jagdreitabzeichen

Im **Jagdreitabzeichen Stufe 2** werden grundlegende Fertigkeiten in der Planung einer Jagd vermittelt und der Absolvent wird zum Einsatz als Pikör im Feld befähigt. Im praktischen Teil wird mit dem Absolvieren eines Ausschnittes einer jagdlichen Hindernisstrecke ein Gruppengalopp im Gelände gefordert.

Das Merkblatt „Die Deutschen Reitabzeichen" kann kostenlos bei der FN angefordert werden (siehe Seite 11).

Lehrkräfte für das Geländereiten

Speziell für das Reiten im Gelände bietet die Deutsche Reiterliche Vereinigung qualifizierte Ausbildungswege für **Amateurausbilder** an. Durch gezielte Weiterbildung können erfahrene Geländereiter sich darauf vorbereiten, die Verantwortung für eine Reitergruppe im Gelände zu übernehmen. Mehr Know-how fördert auch hier die Sicherheit und die Freude am Geländereiten!

Geprüfte **Berittführer** sind in der Lage, eine Reitergruppe im Straßenverkehr und im Gelände unter Beachtung der gesetzlichen Bestimmungen, der Belange des Umweltschutzes, des Tierschutzes und der Unfallsicherheit zu führen. Inhalte der praktischen Prüfung sind die Leitung und Weisung einer Gruppe im Gelände und Straßenverkehr, das Reiten mit Handpferden sowie Unterrichtserteilung. Der Prüfung vorgeschaltet ist ein Lehrgang. Voraussetzung ist die bestandene DRP-Prüfung oder das Westernreitabzeichen klasse III (Bronze).

Der **Wanderreitführer** baut auf dem Berittführer und auf den Wanderreitabzeichen auf. Schwerpunkt der Aufgabenstellung ist die Durchführung mehrtägiger Wanderritte ebenso wie die Vorbereitung von Wander- und Distanzreit-Wettbewerben der Einstiegsebene. Bestandteil der praktischen Prüfung ist die Vorbereitung und Führung eines mehrtägigen Wanderrittes sowie Unterrichtserteilung. Der Prüfung vorgeschaltet ist ein Lehrgang.

Der **Trainer C Reiten/Basissport** vermittelt Grundfertigkeiten und reitweisenübergreifende Schüsselqualifikationen und soll vor allem Anfänger, Spät- und Wiedereinsteiger sowie breitensportlich orientierte Reiter richtig anleiten.
Zulassungsvoraussetzung ist neben der Teilnahme an einem Vorbereitungsseminar und Trainerlehrgang die bestandene DRP-Prüfung und/oder das WAR III, der Besitz des DLA IV und des DRA IV bzw. vergleichbare Abzeichen der Anschlussverbände. Im Vordergrund der praktischen Prüfung stehen die lösende und gymnastizierende Grundausbildung sowie das Reiten im Gelände und über Hindernisse. Im

Fach Unterrichtserteilung liegt der Schwerpunkt in der Vermittlung von Sitzgrundlagen, Grundübungen beim Reiten über Hindernisse und im Gelände sowie breitensportlichen Aufgaben.
Das Merkblatt „Amateurausbilder Reiten" kann kostenlos bei der FN angefordert werden (siehe Seite 11).

Turniersport: Geländeritte und Vielseitigkeitsprüfungen

Die Deutsche Reiterliche Vereinigung bietet in der LPO (Leistungs-Prüfungs-Ordnung) eine Vielzahl von **Wettbewerben und Prüfungen im Gelände** für jeden Schwierigkeitsgrad. Allen ist gemeinsam, dass auf einer festgelegten Strecke unterwegs Geländehindernisse zu überwinden sind (z.B. Baumstämme, Gräben, Wasser, Hecken, Holzstöße usw.) Dabei wird in der Regel einzeln geritten; die einzige Ausnahme sind so genannte Gruppengeländeritte. Die Wertung erfolgt in verschiedenartigen Prüfungen nach unterschiedlichen Gesichtspunkten: Stil des Reiters, Strafpunkte und Einhalten einer bestimmten Zeit oder Rittigkeit, Springmanier und Galoppiervermögen des Pferdes.

Als „Krone der Reiterei" mit den höchsten Anforderungen an Pferd und Reiter gelten **Vielseitigkeitsprüfungen**. Sie bestehen aus den Teilprüfungen Dressur, Springen und Geländereiten über Hindernisse.

! *Safety first*
Für Einsteiger in den Vielseitigkeitssport sind Lehrgangs- und Trainingsangebote unverzichtbar – die Landesverbände informieren.

Der Vielseitigkeitssport stellt höchste Anforderungen an Pferd und Reiter (hier: Ingrid Klimke mit Sleep Late bei den Olympischen Spielen 2000 in Sydney).

Deutsches Reitabzeichen – Teilprüfung Geländereiten

10

Bewerber für die Deutschen Reitabzeichen Klasse IV oder III können statt der Teilprüfung Springen eine entsprechende Teilprüfung Geländereiten ablegen. Gefordert ist ein Geländereiterwettbewerb bzw. ein Stilgeländeritt über Geländehindernisse. Für Bewerber oder Inhaber der DRA Klassn III und IV besteht auch die Möglichkeit, eine entsprechende Teilprüfung Geländereiten zusätzlich freiwillig und zeitlich unabhängig zu absolvieren. Dafür wir ein Abzeichen mit Sonderauszeichnung vergeben.

Breitensport im Gelände

Es gibt zahlreiche Möglichkeiten, in spielerischen Wettbewerben unterschiedliche Fähigkeiten von Reitern und Pferden im Gelände unter Beweis zu stellen. Denkbar sind zum Beispiel:
- **Streckenritt** (wettbewerbsmäßiger Ausritt)
- **Allround-Geländeritt** (Trailparcours mit Überwinden typischer Geländehindernisse)
- **Gleichmäßigkeits-Wettbewerb** (Überwinden einer festgelegten Strecke möglichst genau in einer vorgegebenen Zeit)
- **Orientierungsritt** (Orientierung in unbekanntem Gelände mit Karte und Kompass)
- **Point to Point** (Orientierungsritt nach Zeit anhand vorgegebener markanter Punkte im Gelände)
- **Ride and Tie** (zwei Reiter mit nur einem Pferd überwinden eine Strecke abwechselnd reitend und laufend)
- **Pferderallye** (Kombinationswettkampf mit verschiedenen Wertungsaufgaben, auch Theorie)
- **Schnitzeljagd** (spielerisches Verfolgen einer Reitergruppe, die Spuren legt)

Unterwegs auf einer Schnitzeljagd:
Die Markierungen mit Sägespänen
weisen den Weg.

Fotonachweis

Adelheit Borchardt, Warendorf: Seiten 30, 33 o., 38 (entnommen aus „Die Deutsche Reitlehre – Das Pferd", **FN**verlag 2002), 64, 69 (2), 99, 100

Jean Christen, Mannheim: Seite 98 (entnommen aus „Das Pferdebuch für junge Reiter", **FN**verlag 1999)

Ingrid Eichner, Island Pferde-, Reiter-, und Züchterverband (IPZV) e.V. Bad Salzdetfurth: Seiten 67, 68

Werner Ernst, Ganderkesee: Seite 136

Ulrike Gast, Lennestadt: Seite 54 (entnommen aus „ABC im Pferdesport – Die Broschüre", **FN**verlag 1999)

Marlit Hoffmann, Ehringshausen: Seiten 46 o., 137 (entnommen aus „Allround Gelände", **FN**verlag 2001)

Bess Klingmüller, Ofterdingen: Seite 131 (entnommen aus „Allround Gelände", **FN**verlag 2001)

Tanja Kunze, Internationale Gangpferde-Vereinigung (IGV) e.V. Reken: Seite 70 o.

Thoms Lehmann, Warendorf: Seite 49, 61 (entnommen aus „Die Deutsche Reitlehre – Das Pferd", **FN**verlag 2002), 95 (entnommen aus „Die Deutsche Reitlehre – Der Reiter", **FN**verlag 2000),

Thomas Litzinger, Mücke: Seite 66

C. T. Nebe, Ladenburg: Seiten 17, 19, 25, 27 (entnommen aus „Basispass Pferdekunde", **FN**verlag 2001), 63, 86 + 128 (entnommen aus „Draußen ist Reiten am schönsten", **FN**verlag 2000), 57, 85, 96, 101, 102

Peter Prohn, Barmstedt: Seiten 24, 26 (2), 28, 31, 33 u., 34 (entnommen aus „Die Deutsche Reitlehre – Das Pferd", **FN**verlag 2002)

Julia Rau, Mainz: Seite 3

Christiane Slawik, Würzburg: Seite 70 u.

Verwaltungs-Berufsgenossenschaft (VBG), Hamburg: Seiten 14, 42, 46 u., 47, 50 (2), 59, 74, 77 (2), 79, 82, 87, 89, Seite 134 (entnommen aus „Handbuch Jagdreiten", **FN**verlag 1999)

Fotos Giftpflanzen:

Adlerfarn, Aronstab, Bingelkraut, Blauer Eisenhut, roter Fingerhut, gemeiner Seidelbast, Herbstzeitlose, Jakobskreuzkraut, Johanniskraut, Lebensbaum, Oleander, Rhododendron, gefleckter Schierling, schwarzes Bilsenkraut, Sumpf-Dotterblume, Sumpf-Schachtelhalm, Wasserschierling, weißer Germer

Mit freundlicher Genehmigung der **Universität Zürich**, Institut für Veterinärpharmakologie und -toxikologie entnommen aus der „Giftpflanzen-Datenbank für die Veterinärmedizin", Marianne Furler, 1999

Peter Prohn, Barmstedt: Beeren-Eibe, Buchsbaum, Christrose, Ginster, Goldregen, Hahnenfuß, gemeiner Liguster, Maiglöckchen, weiße Robinie, Schöllkraut, Spindelbaum, schwarze Tollkirsche

Pferdesportverband Baden-Württemberg e.V.
Murrstr. 1/2, 70806 Kornwestheim
Telefon: (07154) 8328-0
Fax: (07154) 832829
E-Mail: info@pferdesport-bw.de
Internet: www.pferdesport-bw.de

Bayerischer Reit- und Fahrverband e.V.
Landshamer Str. 11, 81929 München
Telefon: (089) 926967250
Fax: (089) 926967299
E-Mail: BRFV.LKBayern@t-online.de
Internet: www.brfv.de

**Landesverband Pferdesport
Berlin-Brandenburg e.V.** (Reiterstadion)
Passenheimer Str. 30, 14053 Berlin
Telefon: (030) 30092210
Fax: (030) 30092220
E-Mail: froehlich@lpbb.de
Internet: www.lpbb.de

Bremer Reiterverband e.V.
Halmstr. 9, 28717 Bremen
Telefon: (0421) 6368960
Fax: (0421) 6368673
E-Mail: info@bremer-reiterverband.de
Internet: www.bremer-reiterverband.de

**Landesverband der Reit- u. Fahrvereine
Hamburg e.V.**
Schützenstr. 107, 22761 Hamburg
Telefon: (040) 8503006, Fax: (040) 8514233
E-Mail: info@pferdesport-hamburg.de
Internet: www.pferdesport-hamburg.de

Pferdesportverband Hannover/Bremen e.V.
Johannssenstr. 10, 30159 Hannover
Telefon: (0511) 325768, Fax: (0511) 325759
E-Mail: rv-han-hb@t-online.de,
Internet: www.paragon.de

Hessischer Reit- und Fahrverband e.V.
Wilhelmstr. 24, 35683 Dillenburg
Telefon: (02771) 8034-0
Fax: (02771) 803420
E-Mail: Thielmann-hrfv@gmx.de
Internet: www.hrfv.de

**Landesverband Mecklenburg-Vorpommern für
Reiten, Fahren und Voltigieren e.V.**
Leute-Wiese 2, 18276 Mühlengeez
Telefon: (038450) 20160
Fax: (038450) 20162
E-Mail: pferdesportverband-mv@mecklenburger-pferde.de
Internet: www.mecklenburger-pferde.de

Pferdesportverband Rheinland e.V.
Weißenstein 52, 40764 Langenfeld
Telefon: (02173) 1011-100
Fax: (02173) 1011-130
E-Mail: info@Pferdesport-Rheinland.de
Internet: www.Pferdesport-Rheinland.de

Pferdesportverband Rheinland-Pfalz e.V.
Riegelgrube 13, 55543 Bad Kreuznach
Telefon: (0671) 894030, Fax: (0671) 8940329
E-Mail: info@psvrp.de
Internet: www.psvrp.de

Pferdesportverband Saar e.V.
Herm.-Neub. Sportschule, Gebäude 54,
66123 Saarbrücken
Telefon: (0681) 3879-240,
Fax: (0681) 3879268
E-Mail: psv-saar@lsvs.de
Internet: www.pferdesportverband-saar.de

Landesverband Pferdesport Sachsen e.V.
Käthe-Kollwitz-Platz 2, 01468 Moritzburg
Telefon: (035207) 89610
Fax: (035207) 89612
E-Mail: Pferdesport@sachsens-pferde.de
Internet: www.Sachsens-pferde.de

**Landesverband der Reit- und Fahrvereine
Sachsen-Anhalt e.V.**
Parkstr. 13, 06780 Prussendorf
Telefon: (034956) 229-65
Fax: (034956) 22967
E-Mail: LV-RFVSachsenAnhalt@t-online.de
Internet: www.pferde-sachsen-anhalt.de

Pferdesportverband Schleswig-Holstein e.V.
Eutiner Str. 27, 23795 Bad Segeberg
Telefon: (04551) 8892-0
Fax: (04551) 889220
E-Mail: info@pferdesport-sh.de
Internet: www.pferdesportverband-sh.de

Thüringer Reit- und Fahrverband e.V.
Alfred-Hess-Str.8, 99094 Erfurt
Telefon: (0361) 3460742
Fax: (0361) 3460743
E-Mail: TRFV64@aol.com
Internet: http://lvth.pferd-aktuell.de

Landesverband Pferdesport Weser-Ems e.V.
Heidewinkel 8, 49377 Vechta
Telefon: (04441) 9140-0
Fax: (04441)9140-17
E-Mail: info@psvwe.de
Internet: www.psvwe.de

**Provinzialverband westfälischer
Reit- und Fahrvereine e.V.**
Sudmühlenstr. 33, 48157 Münster-Handorf
Telefon: (0251) 32809-30
Fax: (0251) 3280966
E-Mail: zentrale@pv-muenster.de
Internet: www.pv-muenster.de

Deutsche Reiterliche Vereinigung e.V. (FN)
Freiherr-von-Langen-Str. 13,
48231 Warendorf,
Telefon (02581)63 62 0, Fax: (02581) 62144,
E-Mail: fn@fn-dokr.de
Internet: www.pferd-aktuell.de

FN-Service
Telefon: (02581) 63 62-222
Fax: (02581) 63 62-333,
E-Mail: pschaffer@fn-dokr.de

Ethische Grundsätze des Pferdefreundes

1. Wer auch immer sich mit dem Pferd beschäftigt, übernimmt die Verantwortung für das ihm anvertraute Lebewesen.

2. Die Haltung des Pferdes muss seinen natürlichen Bedürfnissen angepasst sein.

3. Der physischen wie psychischen Gesundheit des Pferdes ist unabhängig von seiner Nutzung oberste Bedeutung einzuräumen.

4. Der Mensch hat jedes Pferd gleich zu achten, unabhängig von dessen Rasse, Alter und Geschlecht sowie Einsatz in Zucht, Freizeit oder Sport.

5. Das Wissen um die Geschichte des Pferdes, um seine Bedürfnisse sowie die Kenntnisse im Umgang mit dem Pferd sind kulturgeschichtliche Güter. Diese gilt es zu wahren und zu vermitteln und nachfolgenden Generationen zu überliefern.

6. Der Umgang mit dem Pferd hat eine persönlichkeitsprägende Bedeutung gerade für junge Menschen. Diese Bedeutung ist stets zu beachten und zu fördern.

7. Der Mensch, der gemeinsam mit dem Pferd Sport betreibt, hat sich und das ihm anvertraute Pferd einer Ausbildung zu unterziehen. Ziel jeder Ausbildung ist die größtmögliche Harmonie zwischen Mensch und Pferd.

8. Die Nutzung des Pferdes im Leistungs- sowie im allgemeinen Reit-, Fahr- und Voltigiersport muss sich an seiner Veranlagung, seinem Leistungsvermögen und seiner Leistungsbereitschaft orientieren. Die Beeinflussung des Leistungsvermögens durch medikamentöse sowie nicht pferdegerechte Einwirkung des Menschen ist abzulehnen und muss geahndet werden.

9. Die Verantwortung des Menschen für das ihm anvertraute Pferd erstreckt sich auch auf das Lebensende des Pferdes. Dieser Verantwortung muss der Mensch stets im Sinne des Pferdes gerecht werden.

Zu diesem Thema kann die Broschüre „Die ethischen Grundsätze des Pferdefreundes" mit ausführlichen Erläuterungen kostenlos bei der Deutschen Reiterlichen Vereinigung e.V. (FN), Warendorf,
Telefon: (0 25 81) 63 62-222,
E-Mail: pschaffer@fn-dokr.de,
angefordert werden.

Für Kinder sind die ethischen Grundsätze in Form eines großen farbigen Wandposters in kindgemäßer Aufmachung von Text und Bild ebenfalls über die Abteilung FN-Service,
Telefon: (0 25 81) 63 62-222,
E-Mail: pschaffer@fn-dokr.de,
der FN erhältlich!

Verhaltenskodex im Pferdesport

1. Der Reitbetrieb muss von respektvollem Umgang miteinander geprägt sein. Unabhängig von Ausbildungsstand, sportlichem Erfolg, Reitweise, eingesetzter Pferderasse und materiellen Möglichkeiten verdient jeder Pferdesportler die gleiche Achtung und Wertschätzung.
2. Jeder Pferdesportler ist zu einer fairen und konstruktiven Auseinandersetzung mit einem Reiterkameraden verpflichtet, wenn bei diesem Missstände in Ausbildung und Umgang mit dem Partner Pferd und damit ein Verstoß gegen die „Ethischen Grundsätze des Pferdefreundes" zu erkennen sind.
3. Erfolg oder Misserfolg im Sport hängen ursächlich von reiterlichen Qualitäten ab. Die (selbst)kritische und aufmunternde Auseinandersetzung mit der Leistung des Einzelnen oder einer Gruppe ist wirkungsvoller, als die Fehlerquelle in der Eignung des Pferdes zu suchen.
4. Der Ausbilder muss in pädagogisch einwandfreiem Unterricht fachlich fundiert und motivierend lehren und zugleich Persönlichkeitsentwicklung, eigenverantwortliches Handeln und soziales Verhalten der ihm anvertrauten Schüler fördern. Er soll jederzeit Vorbild sein, ist in höchstem Maße dem Horsemanship verpflichtet und lehnt alle Formen der verbotenen Leistungsbeeinflussung ab.
5. Der Reitschüler bringt dem Reitlehrer denselben Respekt entgegen, den er von ihm erwartet oder bekommt. Ein offenes Gespräch über Ängste und Überforderung hilft mehr als eine emotionale Diskussion in der Reitbahn.
6. Eltern der Reitschüler bzw. Voltigierkinder sollen motivierend auf ihre Kinder einwirken und die Erwartungen an die sportliche Entwicklung den realen Gegebenheiten anpassen. Übertriebener Ehrgeiz der Eltern fördert Kinder und Jugendliche nicht.
7. Der Pferdesportler vertraut dem Stallbetreiber und dessen Personal sein Pferd an und erwartet eine gute Behandlung sowie eine den Bedürfnissen des Pferdes angepasste Haltung. Die erbrachte Dienstleistung des Betriebes insgesamt wie des einzelnen Mitarbeiters muss anerkannt und honoriert werden. Eventuelle Missstände sind sachlich zu diskutieren und zu beheben.
8. Der Turnierrichter muss eine Leistung vorurteilsfrei und auf der Basis seiner fachlichen Qualifikation bewerten und darf sich nie dem Verdacht der Befangenheit aussetzen.
9. Der Turniersportler hat den Urteilsspruch des Richters im beurteilenden Richtverfahren zu akzeptieren. Bleibt eine Entscheidung unverständlich, ist das klärende Gespräch mit dem Richter das einzig faire Mittel. Polemik in der Öffentlichkeit disqualifiziert den Reiter und verstößt gegen die Grundregeln des Sports.
10. Der Betreiber eines Handelsstalls bzw. der Pferdeverkäufer muss über die gesetzlichen Vorschriften hinaus im Pferdeverkauf verantwortungsvoll handeln und die Vermittlung eines Pferdes am Ausbildungsstand von Pferd und Käufer sowie an der beabsichtigten Nutzung des Pferdes ausrichten.
11. Der Funktionär im Pferdesport muss sich seiner Vorbildfunktion und besonderen Verantwortung für den Sport- und Freizeitpartner Pferd bewusst sein. Er ist nicht nur für den ordnungsgemäßen Betrieb eines Reitstalls, Verbandes, Turniers o.ä. zuständig, sondern hat zugleich als Ansprechpartner für Politik, Landwirtschaft und Wirtschaft die Interessen der Pferdesportler und Züchter wahrzunehmen und zu vertreten.
12. Jeder Pferdesportler ist Nutznießer der vorhandenen Strukturen und Möglichkeiten innerhalb seines Sports. All jene, die sich ehren- oder hauptamtlich für die langfristige Sicherung des Pferdesports als Breitensport in Natur und Umwelt sowie als Leistungssport einsetzen, verdienen Anerkennung und Unterstützung.

FN-Lehrmatrial

Verzeichnis des weiterführenden FN-Lehrmaterials,
zu beziehen über den Buchhandel, Reitsportfachhandel oder direkt über den **FN**verlag, Postfach 11 03 63, 48205 Warendorf, Tel. 02581/6362-154, -254, Fax 02581/6362-212 oder über das Internet www.fnverlag.de
Nachfolgend ein kleiner Auszug aus unserem Gesamtprogramm:

Richtlinien für Reiten und Fahren

Deutsche Reiterliche Vereinigung (Hrsg.):
- Band 1: Grundausbildung für Reiter und Pferd, 28. Aufl. 2005.
- Band 2: Ausbildung für Fortgeschrittene, 13. Aufl. 2001.
- Band 3: Voltigieren 3. Aufl. 2006.
- Band 4: Haltung, Fütterung, Gesundheit und Zucht, 12. Aufl. 2005.
- Band 5: Fahren, 8. Aufl. 2005.
- Band 6: Longieren, 7. Aufl. 1999.

Band 1, 2, 4 bis 6 auch in engl. Sprache lieferbar!

Offizielle Prüfungsbücher FN

- Kleines Hufeisen – Großes Hufeisen – Kombiniertes Hufeisen. So klappt die Prüfung. Geschrieben von Isabelle von Neumann-Cosel, illustriert von Jeanne Kloepfer, 2. Aufl. 2000.
- FN-Abzeichen – Basispass Pferdekunde. Deutsche Reiterliche Vereinigung (Hrsg.), 5. Aufl. 2006.
- FN-Abzeichen – Deutscher Reitpass. Deutsche Reiterliche Vereinigung (Hrsg.), 3. Aufl. 2006.
- FN-Abzeichen – Die Reitabzeichen der Deutschen Reiterlichen Vereinigung. Deutsche Reiterliche Vereinigung (Hrsg.), 5. Aufl. 2006.
- FN-Abzeichen – Abzeichen im Voltigiersport. Ulrike Rieder/Ute Lockert, 1. Aufl. 2005.
- CD-ROM: Fit für das Reitabzeichen. Deutsche Reiterliche Vereinigung (Hrsg.), 2. Aufl. 2004.
- Trainingsprogramm für Basispass und Reitabzeichen Kl. IV. Deutsche Reiterliche Vereinigung (Hrsg.), 1. Aufl. 2003.
- Trainingsprogramm für Reitabzeichen Kl. III. Deutsche Reiterliche Vereinigung (Hrsg.), 1. Aufl. 2003.

Pferdekunde / Reitlehre

- Die Deutsche Reitlehre – Der Reiter. Deutsche Reiterliche Vereinigung (Hrsg.), 1. Aufl. 2000.
- Die Deutsche Reitlehre – Das Pferd. Deutsche Reiterliche Vereinigung (Hrsg.), 1. Aufl. 2002.
- Erlebniswelt Wanderreiten. Lange, Christine, 1. Aufl. 2004.
- Das Pferdebuch für junge Reiter. Neumann-Cosel, Isabelle von, gezeichnet von Jeanne Kloepfer, fotografiert von Jean Christen, 7. Aufl. 2006.
- Die Brücke zwischen Mensch und Pferd. Pourtavaf, Ariane / Meyer, Herbert, 2. Aufl. 2001.
- Pferdekauf heute. Rahn, Dr. Antje / Fellmer, Eberhard / Brückner, Dr. Sascha, NeuAufl. 2003.
- DENK-SPORT Reiten. Strick, Michael, 3. Aufl. 2004.
- Springpferde-Ausbildung heute. Pollmann-Schweckhorst, Elmar, 2. Aufl. 2006.
- Der Reiter formt das Pferd. Bürger, Udo/Zietzschmann, Otto, 2. Aufl. 2004.
- Balance in der Bewegung. Dietze, Susanne von, NeuAufl. 2003.
- Allround Gelände. Hamacher, Ralf/ Deutsche Reiterliche Vereinigung, 1. Aufl. 2001.
- Siege werden im Stall errungen. Krämer, Monika, 1. Aufl. 2005.
- Besser Reiten – Wo ist das Problem?. Christoph Hess/ Petra Schlemm. 1. Aufl. 2005
  Auch als VHS oder DVD lieferbar!
- Wenn Pferde sprechen könnten... sie können!. Eine Anleitung zur besseren Kommunikation. Isabelle von Neumann-Cosel. 1. Aufl. 2005
- Reiten kann man tatsächlich lernen. Isabelle von Neumann-Cosel. 1. Aufl. 2003
- Mit dem Pferdesport aktiv bleiben – Mehr Lebensfreude durch den Umgang mit Pferden. Dr. Petra Hölzel. 1. Aufl. 2004
- Reiten mir Verstand und Gefühl. Praxisbezogene Ausbildung für Reiter und Pferd. Michael Putz. 2. Aufl. 2005
- Notfall-Ratgeber Pferde und Giftpflanzen. Erkennen, Bestimmen – Vorbeugen, Helfen. Dr. Beatrice Dülffer-Schneitzer. 1. Aufl. 2005
- 111 Lösungswege für das Reiten. Methodische Übungsreihen für Reiter und Ausbilder in der dressurmäßigen Grundausbildung. Karin Lührs-Kunert. 2. Aufl. 2006

Frage- und Antwortspiele

- Kleines Hufeisen – Großes Hufeisen – Kombiniertes Hufeisen. Fragen • Antworten • Tipps. Gast, Ulrike / Rüsing-Brüggemann, Britta. 6. Aufl. 2006.
- Sattelfest?! Fragen und Antworten. Gast, Ulrike und Christiane, 2. Aufl. 2003.
- Longenfest?! Fragen und Antworten. Gast, Ulrike und Christiane, 1. Aufl. 2000.
- Leinenfest?! Fragen und Antworten. Gast, Ulrike und Christiane, 1. Aufl. 2001.
- Basispass Pferdekunde. Fragen • Antworten • Tipps. Gast, Ulrike und Christiane, 1. Aufl. 2002.

Lehrmaterial für Ausbilder

- APO – Ausbildungs- und Prüfungs-Ordnung 2006. Deutsche Reiterliche Vereinigung (Hrsg.).
- Folienmappe*. Lehren und Lernen rund ums Pferd – Basismappe. Deutsche Reiterliche Vereinigung (Hrsg.), 5. Aufl. 2005.
- Folienmappe*. Lehren und Lernen rund ums Voltigieren. Deutsche Reiterliche Vereinigung (Hrsg.), 1. Aufl. 2002.
- Folienmappe*. Lehren und Lernen rund um die breitensportliche Geländeausbildung. Deutsche Reiterliche Vereinigung (Hrsg.), 1. Aufl. 2004.
- Folienmappe*. Lehren und Lernen rund ums Westernreiten. Erste Westernreiter Union Deutschland e.V. (EWU), 1. Aufl. 2004.
- Folienmappe* Lehren und Lernen rund ums Fahren. Deutsche Reiterliche Vereinigung (Hrsg.). 1. Aufl. 2005
- Reitunterricht planen – Aus der Praxis für die Praxis. Anette Reichelt. 2. Aufl. 2005
- Reiten unterrichten. Für Ausbilder und Reiter. Reitpädagogik in Theorie und Praxis. Anette Reichelt. 1. Aufl. 2005
- FN-Handbuch Pferdewirt. Ausbildungsbegleiter und Nachschlagewerk für die professionelle Pferdepraxis. Deutsche Reiterliche Vereinigung (Hrsg.). 1. Aufl. 2005
- 365 Ideen für den Breitensport. Gast, Ulrike u. Christiane, 1. Aufl. 2005.
- Sportlehre. Lernen, Lehren u. Trainieren im Pferdesport, 2. Aufl. 1998.

- FN-Lehrtafeln, im Großformat 100 x 70 cm mit Aufhängevorrichtung zu den Themen: Anatomie, Giftpflanzen, Zäumungen, Dressurreiten, Springreiten, Fahren und Voltigieren. Deutsche Reiterliche Vereinigung (Hrsg.).
Die FN-Lehrtafeln sind auch als FN-Pferdetafeln in DIN-A4-Mappen, Set 1, 2 und 3 erhältlich.

Videos / DVDs

- Spielend reiten lernen. Anfängerausbildung für Kinder. Deutsche Reiterliche Vereinigung / Neumann-Cosel, Isabelle von, VHS-System, ca. 35 Min.
- In allen Sätteln gerecht. Grundausbildung für Kinder und Jugendliche. Deutsche Reiterliche Vereinigung / Neumann-Cosel, Isabelle von, VHS-System, ca. 45 Min.
- Faszination Geländereiten. Deutsche Reiterliche Vereinigung / Plewa, Martin, VHS-System, ca. 45 Min.

FN-Lehrfilmserie
Deutsche Reiterliche Vereinigung.
- Teil 1: Ausbildung des Reiters: Der Sitz des Reiters. VHS-System, ca. 33 Min.
- Teil 2: Ausbildung des Reiters: Der Weg zum richtigen Sitz. VHS-System, ca. 28 Min.
- Teil 3: Grundausbildung Pferd und Reiter: Dressur – Die Skala der Ausbildung. VHS-System, ca. 26 Min.
Auch in englischer Sprache erhältlich.
- Teil 4: Ausbildung des Reiters: Springreiten für Einsteiger. VHS-System, ca. 20 Min.
- Teil 5: Ausbildung des Reiters: Geländereiten für Einsteiger. VHS-System, ca. 29 Min.
- Teil 6: Ausbildung des Reiters: Springreiten für Fortgeschrittene. VHS-System, ca. 30 Min.
- Teil 7: Grundausbildung des Pferdes: Gewöhnung und Anreiten. VHS-System, ca. 43 Min.
Auch als DVD erhältlich.
- Teil 8: Ausbildung des Reiters: Dressurreiten für Fortgeschrittene Kl. A und L. VHS-System, ca. 45 Min.
Auch als DVD erhältlich.
- Teil 9: Ausbildung des Pferdes: Dressur – Niveau Kl. A und L. VHS-System, ca. 49 Min.
Auch als DVD erhältlich.

* Bestellung nur direkt über den **FN**verlag.

AUS UNSEREM FACHPROGRAMM

FN-Abzeichen

DEUTSCHE REITERLICHE
VEREINIGUNG E.V. (FN)

Basispass Pferdekunde
Basiswissen für Pferdefreunde

5. Auflage 2006
144 Seiten, mit vielen farbigen
Fotos und Zeichnungen
148 x 210 mm, kt.

ISBN 3-88542-356-1

RALF HAMACHER/
DEUTSCHE REITERLICHE VEREINIGUNG E.V.

Allround Gelände
Reitsport in Wald und Flur, auf Wegen und Straßen

1. Auflage 2001
144 Seiten, farbige Fotos
Format 148 x 210 mm, kt.

ISBN 3-88542-372-3

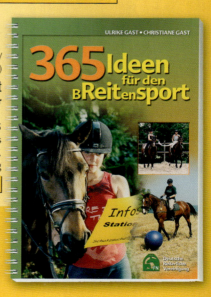

ULRIKE UND CHRISTIANE GAST/
DEUTSCHE REITERLICHE VEREINIGUNG E.V. (FN)

365 Ideen für den Breitensport
Mit Reiterspielen durch das ganze Jahr

1. Auflage 2005
272 Seiten mit über 120 farbigen Fotos
und ausführlichen Spielebeschreibungen,
168 x 240 mm, Spiralbindung

ISBN 3-88542-353-7

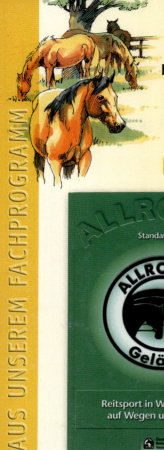

Zu beziehen über den Buchhandel und den Reitsportfachhandel
oder direkt beim FN*verlag* der Deutschen Reiterlichen Vereinigung
Freiherr-von-Langen-Str. 13 · 48231 Warendorf
Tel. (0 25 81) 63 62-154/-254 · Fax (0 25 81) 63 62 212
E-Mail: vertrieb-fnverlag@fn-dokr.de
Online-Shopping: www.fnverlag.de

BITTE FORDERN SIE UNSEREN KOSTENLOSEN GESAMTKATALOG AN!